IJS 서울대학교 일본연구소
Reading Japan **25**

온고지신의 한일관계

前주중일본대사 다니노 사쿠타로 초빙강연

강연자 : 다니노 사쿠타로(谷野作太郎)
토론자 : 김석우(金錫友)
역 자 : 김 민

제이앤씨
Publishing Company

본 저서는 정부(교육과학기술부)의 재원으로 한국연구재단의 지원을 받아
출판되었음(NRF-2008-362-B00006).

책 을 내 면 서

　　서울대 일본연구소는 국내외 저명한 연구자와 다양한
분야의 전문가를 초청하여 각종 강연회와 연구회를 개최하
고 있습니다. 〈리딩재팬〉은 그 성과를 정리하고 기록한 시리
즈입니다.

　　〈리딩재팬〉은 현대 일본의 정치, 외교, 경영, 경제, 역
사, 사회, 문화 등에 걸친 현재적 쟁점들을 글로벌한 문제의
식 속에서 알기 쉽게 풀어내고자 노력합니다. 일본 연구의 다
양한 주제를 확산시키고, 사회적 소통을 넓혀 나가는 자리에
〈리딩재팬〉이 함께하겠습니다.

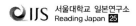

서울대학교 일본연구소
Reading Japan 25

차 례

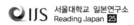

서울대학교 일본연구소
Reading Japan 25

강연록

일본과 한국 간의 우호관계는 아시아 태평
양 지역의 평화와 안정에 큰 기둥 역할을
하는, 실로 중요한 관계라고 생각합니다.
물론 일본과 한국은 서로 이웃해있는 대국
이다 보니, 불행한 역사도 경험한 바 있습
니다. 그래서 때로는 여러 가지 문제점들
이 불쑥 고개를 들기도 하는 그러한 관계
이기도 합니다. 그러나 우리들은 항상 대
국적 관점에서 정치는 물론이거니와, 경
제, 학술, 문화 등 폭 넓은 분야를 아우르
는 중층적인, 그리고 동시에 미래지향적인
협력관계의 구축을 위해서 함께 노력해 나
가야 한다고 생각합니다.

온고지신의 한일관계

서울대 일본연구소 남기정 교수(이하 남기정) : 제205회 일본 전문가 초청세미나, 오늘은 특별강연으로 일본에서 아주 귀한 손님을 모시고 세미나를 진행하도록 하겠습니다. 전 주중 일본대사 다니노 사쿠타로(谷野作太郎) 님을 모셨습니다. 다니노 님은 일본의 과거사 인식을 표현한 고노 담화·무라야마 담화가 만들어지는 데 큰 역할을 하신 분입니다. 이 분을 모시고 "온고지신의 한일관계"라는 제목으로 오늘 특별강연을 진행하도록 하겠습니다. 먼저 강연을 듣고, 그 뒤에 90년대 초반의 한일관계를 이끌어 가는 데 한국 측에서 일본을 상대로 하여 치열하게 한일외교를 전개해주신 김석우 당시 아주국장님, 전 통일원 차관님을 모시고 대담을 진행한 후, 여러분과 함께 이야기를 나누는 시간을 갖도록 하겠습니다.

끝까지 남아서 좋은 이야기 들어주셨으면 좋겠습니다. 우선 개회 및 환영사를 저희 일본연구소 소장님께 부탁드리고자 합니다. 김현철 선생님 부탁드리겠습니다.

일본연구소 김현철 소장 : 안녕하십니까, 일본연구소 김현철 소장입니다. 아시다시피 일본연구소는 한국 최고의 일본 싱크탱크입니다. 한국 내에 일본에 대한 싱크탱크는 굉장히 많이 있습니다만, 그래도 변하지 않고 싱크탱크로 제대로 기능을 하는 곳은 대학에 있는 연구소들이고, 그러므로 역시 이 연구소들이 일본 연구에 있어서 가장 중심이 되어야 하지 않겠는가 생각합니다. 제가 국제대학원에 취임하고 나서 일본 자료 센터를 만들기 시작한 것이 오늘날 일본연구소가 되었습니다. 역시 그 사이에 많은 변화가 있어서, 한국의 많은 일본전문 기관들이 다 사라지거나 축소되었습니다만, 그나마 일본연구소는 남아서 아직도 제 기능을 하고 있는 것 같습니다. 그래서 얼마 전에는 "질곡의 한일관계 어떻게 풀 것인가" 라는 세미나도 했지만, 오늘은 여러분이 보시는 "온고지신의 한일관계"라는 타이틀과 같이 과거에 우리에게 어떤 일이 있었는지, 그 속에서 한일관계를 풀어나갈 실마리는 무엇인지를 되돌아보면서 그것으로부터 우리가 지금 배울 교훈이 무엇이고, 또 그 교훈을 어떻게 활용할 것인가를 생각해보는 시간을 가지겠습니다. 박철희 국제대학원 원장님을 비롯하여 많은 분들이 오셨는데, 과거의 좋은 경험, 그 속에서의 배울 점을 여러분들이 모두 얻어가는 그런 기회가 되었으면 매우 좋겠습니다. 감사합니다.

남기정 : 네, 감사합니다. 다음으로 박철희 국제대학원 원장님께서 축사를 해주시러 오셨습니다. 부탁드리겠습니다.

국제대학원 박철희 원장 : 국제대학원장 박철희입니다. 소장을 그만둔 지 얼마 안 된 것 같은데, 일본연구소 활동이 점점 더 활성화되는 것 같아 굉장히 기분이 좋습니다. 저를 부른 것이 전관예우가 아니길 바랍니다. 다니노 대사님, 귀중한 시간을 내주셔서 대단히 감사합니다.

다니노 대사님을 제가 오래 알고 지냈는데, 사실 제

가 가장 존경하는 일본 외교관입니다. 제가 공개적으로 말씀드린 적이 없기 때문에 제가 왜 다니노 대사님을 존경하는가를 이야기하고 축사를 하겠습니다. 제가 일본의 외교관, 정치가, 언론인, 재계·학계의 많은 분들과 교류가 있습니다만, 다니노 대사님이 안 계시는 자리에서 대사님의 이야기를 하는 경우가 아주 많이 있습니다. 그런데 굉장히 놀라운 건, 어느 한 분도 다니노 대사님에 대해 부정적인 이야기를 하는 분이 없었습니다. 그만큼 인격자이십니다. 말씀을 들어보면 금방 아시겠지만, 그렇게 모든 사람으로부터 좋은 평가를 받는다는 건 굉장히 힘든 일입니다.

두 번째는 일본을 대표하는 아시아 통이십니다. 인도 근무로부터 시작해서 우리 한국에서도 주한 일본대사관의 공사를 하셨고, 또 주중 대사도 하셨고, 소위 일본의 차이나 스쿨의 대명사이신데, 그보다도 아주 국장과 외정실장을 하시면서 아시아 문제에 다니노 대사님만큼 관심을 가져 주셨던 일본 외교관이 아마 없었고, 지금도 없지 않나 생각됩니다. 한국도 그렇고 일본도 그렇고, 거의 북미국 출신들이 외교부를 장악하면서 아시아 관계를 약하게 보는 경향이 아직도 계속되고 있는데, 다니노 대사님께서는 일찍부터 아시아에 몸을 두셨고, 늘 아시아에 생각을 두고 있는 분이어서 참 배울 점이 많습니다. 그 다음에 무엇보다 철학이 있으신데 그 철학이 굉장히 리버럴합니다. 정말 철학이 있는 리버럴이기 때문에, 사람을 굉장히 중요하게 생각하시는구나, 아시아를 사랑한다는 게 음식을 좋아하거나 술을 좋아하는 게 아니라 아시아 자체를 사랑하시는구나 하는 것이 마음으로 느껴집니다.

여기 써 있는 것처럼 고노 담화·무라야마 담화를 만든 주역이신데, 많은 분들한테 여쭤보면 다니노 대사님이 안 계셨으면, 또 다니노 대사님이 그 자리에 안 계셨으면 고노 담화·무라야마 담화가 만들어지지 못했을 거라고 많은 분들이 인정을 하십니다. 고노 담화뿐만 아니고, 본인께서는 사실은 잘 말씀을 안 하시는데, 제가 알기로는 일본 내에서도 현 천황과 가장 가까우신 지인이시고 가장 가까운 말동무이십니다. 우리나라 사람 같으면 내가 누구를 안다고 막 자랑을 할 텐데 공개석상에서 잘 이야기를 안 하십니다. 그런데 테니스도 같이 치시고, 사이판에 동행하셔서 한국인 위령비를 갈 때에도 같이 가셨고, 제가 그런 경력을 아는 입장에서, 정말 표도 안내시고 한국과 아시아를 위해 계속 일하시는 부분에 대해 존경을 표하지 않을 수 없습니다. 마지막으로 굉장히 학자 같으시고 지성적이세요. 어제도 같이 저녁을 하면서 여러 가지 이야기를 했는데, 학자들 이야기를 많이 했습니다. 그런데 일본을 대표하는 주류 학자들을 전부 개인적으로 아시고, 누가 좋고 나쁜지 저하고 평가가 거의 똑같아서 놀랐습니다. 폭도 넓으시고, 학자들과의 교류를 학자보다 더 많이 하시는 면이 굉장히 존경스러웠습니다. 오늘, 여러분도 다니노 대사님의 옛날 이야기들을 잘 들으시고, 대사님께서도 우리 세대들에게 새로운 이야기들을 많이 들려주셨으면 좋겠습니다.

남기정 : 네, 감사합니다. 그러면 본 프로그램으로 들어가겠습니다. 다니노 사쿠타로 님을 모시겠습니다. 큰 박수로 맞이해주시기 바랍니다. 다니노 대사님께서는 최근에 일본 이와나미 서점에서 『아시아 외교』라는 제목으로 외교증언록을 내셨습니다.[1] 대담록인데, 굉장히 많은 내용이 이 안에 들어 있고, 저도 많이 배웠습니다. 오늘을 위해서 대사님께서 일본연구소에 기증

---

1) 谷野作太郎, 『外交証言録－アジア外交、回顧と考察』, 岩波書店, 2015. 이하 모든 주(注)는 역자주임.

하신다고 한 권을 가져와주셨네요. 감사합니다. 이제부터 일본어로 진행이 될 텐데요, 여러분들은 앞에 있는 동시통역기를 이용해주시면 되겠습니다. 다시 한 번 큰 박수로 맞이해주시기 바랍니다.

다니노 사쿠타로 전(前) 주중 일본대사(이하 다니노) : 여러분 안녕하십니까. 우선 박철희 교수님, 제 소개를 멋지게 해주셔서 정말 감사드립니다.

이번에 남기정 교수님의 초대를 받아 다시 서울을 방문하게 되어 매우 기쁘게 생각합니다. 저는 1984년부터 87년까지 서울의 일본대사관에서 근무하였습니다. 긴 외교관 생활 중에서도 매우 많은 추억이 있는 2년 반이었습니다. 그때 한국인 친구들을 사귀었고, 그 중에 몇 명과는 지금도 친하게 지내고 있습니다. 그러한 경험도 있고 해서 최근의 한국 국내 상황에 대해서는 큰 관심을 갖고 지켜보고 있고, 또한 한국사회에 대한 걱정도 하고 있습니다. 아무쪼록 빨리 정상적인 상태로 돌아가, 그 결과 한일관계도 다시 발전의 궤도에 올라가기를 기원하고 있습니다. 그러면 지금부터 그러한 저의 생각을 말씀드리겠습니다.

여러분 자리에, 오늘 제가 드릴 말씀을 요약해서 정

리한 페이퍼가 놓여있을 것입니다.[2] 시간을 보아가며, 약 20분 정도 이야기를 하겠습니다. 여러분들 중 일본어를 이해하시는 분이 몇 분이나 계신지요? 절반 정도군요. 천천히 이야기하도록 하겠습니다. 오늘 아침, 일본에 있는 아내에게 전화를 했습니다. 그랬더니 아내가 말하기를, "큰일 났어요. 지금 박근혜 씨 관련 보도가 NHK 톱뉴스에요." 라더군요. 오늘은 그런 날입니다.[3] 좀 전에 말씀드린 것처럼, 최근 한국에서 발생한 정치적 혼란은 일본에서도 커다란 관심사가 되었습니다. 여기에 제가 일본 신문을 가져왔는데요, 여러분들께 잠시 보여드리겠습니다. 보시다시피 매일 같이 일본의 신문, TV 등 각종 미디어에서 대대적으로 보도를 하고 있습니다. 지금 이 순간에도 마찬가지일 것입니다. 그리고 제 아내를 포함한 많은 일본인들이 큰 관심을 가지고 걱정도 하면서 이 사건의 경과를 지켜보고 있는 상황입니다. 오늘은 너무 딱딱한 이야기는 하고 싶지 않습니다만, 우리들 일본과 한국은 너무나도 중요한 가치관, 즉 자유, 민주주의, 인권의

---

2) 해당 페이퍼는 pp.87~95에 [부록]으로 수록되어 있음.
3) 2017년 3월 10일, 대한민국 헌법재판소의 탄핵소추안 인용 결정으로 대통령직에서 파면된 박근혜 전 대통령은, 본 강연이 열린 3월 21일에 피의자 신분으로 서울중앙지검에 출석하였다.

존중이라는 기본적인 가치관을 공유하고 있음은 물론이거니와, 양국은 공히 미국의 동맹국으로서 전략적 이익도 공유하고 있다는 점에서, 두 나라는 서로에게 너무나도 중요한 이웃국가라는 점을 말씀드리고 싶습니다. 그러므로 일본에서는, 아니, 일본이기에 더더욱 최근 한국의 국내정세에 대해서 많은 사람들이 걱정하고 있고, 또 미디어에서도 커다란 관심을 가지고 보도를 해 오고 있는 것입니다.

덧붙여 말씀드리자면, 실은 제가 가장 강조하고 싶은 부분이기도 합니다만, 이러한 일본과 한국 간의 우호관계는 아시아 태평양 지역의 평화와 안정에 큰 기둥 역할을 하는, 실로 중요한 관계라고 생각합니다. 물론 일본과 한국은 서로 이웃해있는 대국이다 보니, 불행한 역사도 경험한 바 있습니다. 그래서 때로는 여러 가지 문제점들이 불쑥 고개를 들기도 하는 그러한 관계이기도 합니다. 그러나 우리들은 항상 대국적 관점에서 정치는 물론이거니와, 경제, 또 여기 선생님들께서 종사하고 계시는 학술, 문화 등 폭넓은 분야를 아우르는 '중층적(Many Layers)'인, 그리고 동시에 미래지향적인 협력관계의 구축을 위해서 함께 노력해 나가야 한다고 생각합니다.

이러한 관점에서 볼 때, 오늘 세미나를 주최한 일본 연구소야말로 그와 같은 역할의 최전선에 서 있다고 할 수 있을 것입니다. 저는 이에 큰 경의를 표하는 바입니다. 모쪼록 작금의 한국 국내 정치상황이 몰고 올 결과가 향후에, 앞서 말씀드린 것과 같이 중요한 양국 관계에 부정적인 영향을 미치지 않기를, 저는 바라고 있습니다.

정치·안전보장의 문제는 양국 관계에 있어서 매우 중대한 분야 중 하나입니다만, 잘 알고 계시는 것처럼 최근 북한에서는 연이은 핵실험뿐만 아니라, 일본 근해를 향해서 탄도미사일을 차례로 쏘아대고 있습니다. 그와 같은 도발적 행위를 거듭하는 북한에 대해 우리들이 어떻게 대응해 나가야 할 것인가 하는 것은, 일본과 한국이 함께 안고 있는 과제라고 생각합니다. 최근에는, 3월 6일로 기억합니다만, 최초로 4발의 미사일을 동시에 쏘아 올렸습니다.[4] 그리고 그 미사일들은 일본의 근해(동해) 상에—그곳에서는 수많은 일

---

[4] 한국 합동참모본부의 발표에 따르면, 북한은 2017년 3월 6일 오전 7시 36분, 미사일 발사장이 있는 동창리에서 동해상을 향해 4발의 미사일을 발사하였다. 이와 관련하여 일본 정부는 4발의 미사일 중 3발이 일본의 배타적 경제수역(EEZ)에 낙하하였다고 밝혔다.

본 어선들이 조업을 하고 있습니다만—에 차례차례 떨어졌습니다. 아무런 사전 예고도 없이, 미사일이 날아와 떨어진 것입니다. 정말로 위험한 일입니다. 어민들은 대단히 불안해하고 있습니다. 게다가 이번에는 동시에 4발이었습니다. 이에 대해서 두 가지를 지적할 수 있을 것 같습니다. 우선, 북한이 "이것은 일본 내 위치한 재일미군기지를 겨냥한 훈련을 하고 있는 것이다." 라고 밝혔다는 것입니다. 이처럼 북한이 자신들의 의도를 명확히 언급한 것은 처음이었습니다. 그리고 또 한 가지는, 아마도 4발을 동시에 발사하면 그 중에 1, 2발은 추락하지 않고 목표에 도달할 것이라는, 그러한 공포감을 조성하려고 한 것일 겁니다. 그렇기 때문에 일본 정부, 그리고 미국 정부도 북한의 미사일 위협이 이제는 새로운 단계에 진입했다고 언급했습니다. 미국의 경우, 과격한 트럼프 정권답게 보복이라든가 선제공격, 그러니까 이쪽에서 먼저 북한의 기지를 공격하는 것도 이제는 선택지에 포함시킬 수 있다는 등의 이야기를 꺼내고 있습니다.

일본은 이 부분에 대해서는 조금 이견이 있습니다. 일본의 현재 방위력으로는 그럴 능력이 없기 때문입니다. 자위대의 방위체제 자체가 그럴 수 없도록 되어있습니다. 이처럼 위험한 상황 하에서, 한국에서는 정치적 혼란이 발생하고 있고, 미국에서는 새로운 대통령이 탄생했지만 그 밑을 떠받치는 관료들이 아직 확고하게 자리를 잡지 못하고 있습니다. 어느 모로나 매우 불안한 상황인 것입니다.

그런 상황에서 오늘 박근혜 전 대통령이 검찰에 연행되었습니다. 사실 한일관계에 있어서는 박근혜 전 대통령의 결단으로, 나눠드린 페이퍼에도 써있는 것처럼, 오랫동안 현안이었던 한일 간의 GSOMIA(군사정보포괄보호협정), 즉, 양국이 서로 군사정보를 확실히 보호하고 그 비밀을 제3국에 누설하지 않는다는 것을 전제로, 대부분은 북한에 관한 것이겠지만, 군사정보를 공유하는 것을 목적으로 하는 협정에 대해서 서명이 이루어졌습니다. 개인적으로는 매우 잘된 일이라고 생각하고 있습니다. 지금 한국의 야당 쪽 분들은 이에 대해서 반대하고 계신 것 같습니다. 그러니까 현재의 야당 쪽 분들께서 집권을 하게 된다면 어떻게 될지는 모르겠습니다만, 새로운 대통령 하에서 이 문제가 어떻게 될 것인지, 이것도 한 가지 걱정스러운 일입니다.

페이퍼에는 적혀있지 않습니다만, 북한이 미사일을

쏘아 올릴 경우, 이 GSOMIA가 체결되기 이전에는 북한의 정보를 일본이 한국과 전혀 공유할 수가 없었습니다. 모두 미국으로부터 연락을 받고 있었습니다. 그러나 이 협정이 생긴 이후로, 최근 4발 동시 발사 건에 대해서는 일본과 한국의 당국자들이 아마도 서로 연락을 주고받았을 것이라고 생각합니다. 이 점은 상당히 커다란 진보였습니다.

제 현역 시절의 '전우(戰友)'가 오늘 함께 자리해 주셨습니다. 김석우 전 차관님이십니다. 김석우 전 차관님께서 외무부의 아주국장으로 근무하셨던 1991년부터 1993년까지는 마침 제가 외무성에서 아시아국장을 맡고 있었을 때라고 기억합니다. 그 시절의 참 그리운 '전우'입니다. 오늘 이 자리가 끝난 뒤에도 둘이서 더 대화를 나누고 싶군요. 제가 한국에서 근무를 시작하기 훨씬 이전, 그러니까 1984년부터 1987년 사이, 그 즈음의 한일관계는 지금과는 다루는 주제가 전혀 달랐습니다. 페이퍼에도 적혀있습니다만, 그 중 한 가지는 '한일무역역조'라고 해서, 한국 측이 겪고 있던 큰 폭의 대일무역적자 문제였습니다. 이것은 굉장히 커다란 정치적 이슈였기 때문에, 이 문제를 어떻게든 해결하고 싶다는 요구가 많았습니다. 그래서 이 상황을 조금이라도 개선시키고자 시도한 것이 두 번째 주제, 페이퍼에도 적혀있는 '일본으로부터 한국으로의 기술이전'이 아닐까 합니다. 한국에서 산업이 탄력을 받으면 무역역조도 조금은 개선될 것이라는 생각이 있었습니다. 그러나 일본의 기업계는 이 정책에 대해서 결코 적극적으로 움직이지 않았습니다. 일본 기업계에서는 여기에 대해 그 나름의 반론이 있었지만, 한국 측으로부터는 괘씸하다며 공격을 받았었습니다. 이것이 두 번째 주제였습니다.

그리고 저도, 김석우 전 차관님도, 또한 김석우 전 차관님의 전임자께서도 매우 깊게 관여했던 문제는 재일한국인 분들의 처우에 대한 문제, 그 중에서도 상징적인 것은 신분증명서 상의 '지문날인' 문제였습니다. 당시 재일한국인들에게 카드를 소지할 것을 강요하고, 게다가 거기에 지문을 날인하게 해서 상시 휴대할 것을 의무화했습니다. 재일한국인 분들을 범죄자 취급하는 것이 아니냐며 상당히 거센 비판을 받았습니다. 저는 재일한국인 분들이 일본에 생활 거점을 두고 있으므로, 가능한 한 일본인과 동등하게 대우하고 싶다는 생각을 가지고 있었습니다. 그래서 이 제도를 없애기 위해서 일본의 치안당국과 충분한 의논을 했습니다. 지금은 지문날인제도 자체가 없어졌죠.

또 한 가지는 일본의 북한 정책입니다. 이 부분은, 한국에서 정권이 바뀔 때마다 상당히 큰 변화가 생겼습니다. 당시에 간혹 일본 정부의 요직에 있는 인사가 북한에 대해서 다소 온정적인 발언을 하면, 한국 정부가 굉장히 무서운 표정을 하고서 야단을 쳤습니다. 하지만 또 한편으로는, 적어도 김대중 정권이 들어선 이후에―저는 김대중 전 대통령과는 하버드 대학에서 알게 된 친구 사이였습니다만―김대중 당시 대통령으로부터는 오히려 "일본정부는 너무 겁이 많다." 라며, 어째서 좀 더 전향적으로 북한을 상대하지 않느냐는 말을 들었습니다. 상당히 관점이 달라진 것이지요. 그런 사례들이 생각납니다.

그리고 경제면에 대해서 말씀을 드리자면, 여러분, 혹시 이런 말을 들어본 적 있으신지 모르겠습니다. 옛날, 동아시아의 경제발전 상황을 비유적으로 'Flying Geese'(雁行)라고 일컫던 적이 있습니다. 알기 쉽게 얘기하자면, 기러기(雁) 무리가 하늘을 날아갑니다. 가장 선두에는 일본이 있고, 그 뒤를 쫓는 형태로 한국, 대만, 싱가포르가 있으며, 그 뒤로는 나머지 아세안 국가들과 중국이 비행하는 형태로 정돈된 편대를 이루는 모습이었기 때문에, 이러한 동아시아 경제발전 모델을 두고 'Flying Geese(雁行形)의 경제발전'이라는 말이 자주 언급되었습니다. 그러나 이런 비유는 이제는 사라져버렸습니다. 적어도 선두 쪽에서는 이미 대열이 흐트러졌습니다. 이제는 일본과 한국, 그리고 일본과 중국도 예전과 같은 수직관계에 놓여있지 않습니다. 일본이 한국이나 중국을 가르칠 수 있는 상황이 아니고, 각자가 지니고 있는 장점을 살려 서로 도와가며 경제발전을 지향하는 상태, 다시 말해 수직관계에서 수평관계로 전환되었습니다. 따라서 제가 페이퍼에도 적어 놓았듯, '공명(共鳴)', 서로 자극하고, '공동(共働)', 서로 함께 땀을 흘리며 노력하고, '공창(共創)', 함께 협력하여 새로운 것을 창조하는 그러한 시대가 되었다고 생각합니다.

한국과 일본에서는 최근 두 국가 간의 무역투자관계가 활발해진 것과 함께, 제3국, 이를테면 중근동 지역의 국가 등으로부터 여러 형태의 플랜트를 공동 수주한다든가, 혹은 함께 자원 개발을 하는 등의 활동들이 굉장히 활발해지고 있습니다. 일본과 한국의 기업들이 협력하면서 플랜트를 만들어가는 그러한 연계사업이 증가하고 있는 것입니다. 개인적으로는 매우 바람직한 일이라고 생각합니다.

사람들의 왕래에 대해 말씀을 드리자면, 페이퍼에도 적혀있듯이 국교정상화 당시인 1965년에는 연간 1만 명에 불과했지만 현재는 연간 580만 명이 왕래하고 있습니다. 어제도 하네다에서 서울로 오는 비행기에는 한국 분들이 가득했습니다. 저로서는 한국과 일본 사이에 여러 가지 문제가 있음에도 불구하고 이처럼 사람들의 왕래가 활발한 것이 참 기쁘게 생각됩니다. 한 가지 유감스러운 부분은, 한국 분들은 여전히 적극적으로 일본을 찾고 있는데, 일본에서 한국으로 향하는 관광객들이 줄고 있다는 것입니다. 참으로 안타깝습니다.

그런데 마침 지금 '한일교류축제'[5]가 열리고 있습니다. 프라자 호텔 앞 광장에서 진행이 되고 있지요. 일본에서는 히비야(日比谷) 공원에서 하는데, 저도 매년 가고 있습니다만, 이 행사는 예정대로 진행이 되고 있습니다. 한국은 이 부분에서 중국과는 다릅니다. 무

---

5) 한국 내에서의 공식 명칭은 '한일축제한마당'이다. 2005년, 한일 국교정상화 40주년을 기념하여 시작된 이래 매년 양국에서 교대로 열리고 있는 한일 문화교류 행사로, 한국의 외교부와 일본의 외무성 등이 후원하고 있다.

슨 말이냐 하면, 중국은 센카쿠 문제가 발생했을 때, 이러한 종류의 교류를 전부 중지시켰습니다. 지금은 한국이 중국과의 관계에서 비슷한 일을 겪고 있지요. 한때 심한 경우에는 학술교류도 문화교류도 모두 일시 중지되거나, 아예 폐지되었습니다. 가령 음악회 같은 경우, 프로그램도 인쇄해야 하고, 연주회장도 빌려야 합니다. 그런데 연주회 직전에 "중단한다." 라고 통보 해버리면, 그런 경우에 "이미 투입된 경비는 대체 어떻게 되는 건가!" 라며 모두들 불평을 하고는 했습니다. 하지만 어쩔 수 없는 일이었죠.

자, 계속 진행하겠습니다. 세 번째는 일본과 한국 양국 국민들의 서로에 대한 감정입니다. 페이퍼에 적어놓았습니다. 실제로는 90년대 후반 무렵부터 국민감정이 호전되었던 시기가 있었습니다만, 2010년대에 들어서는 위안부 문제도 있고, 이명박 대통령이 어째서인지 독도[일본명 다케시마(竹島)]를 방문한 것 등으로 인해 한국에 친밀감을 느끼는 일본인들이 큰 폭으로 감소해서, 페이퍼에 적어놓은 것처럼 그 비율이 60%에서 33%로 감소했습니다. 한국에 대해 친밀감을 느끼지 않는다고 응답한 사람은 60%를 넘었습니다. 그렇지만 그런 와중에도 동일한 여론조사에서 한국과 일본, 일본과 한국의 관계는, 비록 여러 가지 문제가 있지만, "중요하다고 생각한다." 라는 응답이 일본인 중에는 62.7%, 한국인 중에는 86.9%가 나왔습니다. 그러니까 여러 가지 문제들이 있다고는 하지만 역시 양국 관계가 중요하다고 하는 생각은, 양국의 국민들 사이에서 공유되고 있다고 생각합니다. 오늘 아침 신문을 보니, 한국에서 역시 한일 간의 FTA는 하지 않으면 안 된다는 것을 새삼 주장하고 있었습니다. 중국과의 관계가 지금과 같은 상황이 되어버린 이상, 다시금 일본과의 관계를 재고해 봐야 된다는 것일까요.

네 번째는 제가 특히 강조하고 싶은 부분입니다. 일본과 한국은 둘 다 세계 속에서나 혹은 아시아에 있어서나 대국(大國)입니다. 그렇다면 양국은 좁은 의미에서의 한일, 일한 관계에만 주목할 것이 아니라 그것을 넘어서서 함께 아시아, 혹은 세계의 평화, 번영, 발전에 어떻게 공헌할 것인가 하는 부분으로까지 시야를 넓혀나가야 한다고 생각합니다. 그리고 앞서 말씀드린 것처럼 실제로는 일본과 한국의 기업들 사이에서는 그러한 일이 이미 시작되었습니다. 함께 고민해 볼 주제는 얼마든지 있습니다.

예를 들면, 국제연합(UN)의 개혁 문제입니다. UN이

탄생한 것은 1945년입니다. 그 당시에는 분명 가맹국이 50~60개국 정도였습니다. 지금은 190개국이 넘을 겁니다.[6] 그런데 그 와중에 전혀 변하지 않고 있는 것들이 있습니다. 가장 먼저 들 수 있는 것이 안전보장이사회 상임이사국의 구성입니다. 보통 P5[7]라 일컬어지는데, 미국, 중국, 프랑스, 영국, 러시아가 포함되어 있습니다. 이들이 저마다 거들먹거리며 상임위를 폐쇄적으로 운영하고 있습니다. UN의 업무 중 가장 중요한 국제사회의 평화와 안전 문제를 그들이 주도해서 결정합니다. 게다가 그들만이 거부권을 가지고 있습니다. 이상하지 않습니까. 아시아의 대표라 할 수 있는 나라는 어느 나라입니까? 중국만이 들어가 있습니다. 개발도상국의 대표, 어느 나라입니까? 이 역시 중국으로 되어있습니다. 그러나 현재의 중국을 과연 개발도상국이라고 할 수 있을까요? 어찌 보면 진정한 개발도상국 대표는 없는 것과도 같습니다. 게다가 이 5개국은 모두 가공할 핵무기를 보유하고 있습니다. 이것이 UN의 중추인 안보리가 강경하게 버

---

6) 1945년 설립 당시 51개 회원국으로 출범하여, 2017년 현재 UN 회원국은 193개국으로 증가했다.
7) P는 Permanent Member의 약자. 상임이사국.

티고 있는 이유입니다. 지금의 국제사회 정황을 전혀 반영하고 있지 않은 이러한 UN은 뭔가 좀 이상합니다. 이런 점을 포함해서, UN의 개혁에 대해서도 일본과 한국이 함께 목소리를 낼 수는 없을까요?

경제 분야에서는 에너지, 그리고 역시 최근 PM2.5[8]로 대표되는 환경문제 등도 함께 고민해야 할 문제입니다. 서울은 미세먼지 때문에 참 큰일인 것 같습니다. 일본은 아직 이 정도까지는 아닙니다만. 이러한 방면에서의 협력도 필요합니다.

그리고 원자력 문제. 중국은 틀림없이 원자력 대국이 될 것입니다. 그렇게 되는 것을 지향하고 있습니다. 그렇다면 역시 안전만큼은 담보되어야 하니까, 동아시아에서는 이 문제와 관련해서 한중일간에 정보의 교환, 긴급사태 발생 시의 대응, 그리고 원자력 기술의 승계나 인재 육성 등 여러 방면에서 보다 많은 협력을 할 수 있을 것이고, 또 해야만 할 것입니다.

사회 분야에서는 동아시아 각국이 공통적으로 안고 있는 과제인 저출산 고령화 사회 문제가 있습니다. 저와 같은 '할아버지'의 문제이지요. 일본, 대만도 그렇

---

8) PM은 Particulate Matter의 약자. 통칭 미세먼지. PM2.5란 입경(粒徑) 2.5μm(마이크로미터) 이하의 초미세먼지를 가리킨다.

고, 한국과 중국도 이미 고령화 사회에 진입하고 있습니다. 이러한 노인, 고령자들을 배려하는 동아시아다운 사회를 어떻게 만들어갈 것인가 하는 것이 사회보장의 문제입니다. 서로 지혜를 내고, 제도와 경험을 좀 더 공유해야 한다고 생각합니다.

다섯 번째는 '역사문제'입니다. 이 주제에 대해서는, 말주변도 부족한 제가 이러쿵저러쿵 이야기 하는 것보다 준비한 페이퍼를 읽는 것으로 대신하겠습니다. 이 페이퍼에 실려 있는 메시지들은 일본과 중국 사이에서 나온 발언들이지만, 이 메시지에 담긴 의미는 일본과 한국의 관계에서도 통할 수 있다고 생각합니다. 첫 번째로 소개할 말씀은, 이미 고인이 되셨습니다만, 저의 고등학교 선배이기도 하면서 일본의 저명한 평론가였던 가토 슈이치(加藤周一)⁹⁾ 씨의 말씀입니다. "역사 왜곡은 백해무익하다고 생각한다. 이것은 일중 우호관계를 근저에서부터 손상시킨다. 이는 또한 일본인의 자부심에도 상처를 준다. 일본인의 자부심은 과거의 잘못을 눙쳐서 변명하는 데에 있는 것이

---

9) 가토 슈이치(加藤周一, 1919~2008). 의사이자 작가, 평론가. 일본의 전쟁 포기를 명시한 일본국 헌법 9조(이른바 평화헌법)의 개정을 반대하는 지식인들의 모임인 '9조의 모임'에서 활동했다.

아니라, 스스로 이것을 직시하고 비판을 주저하지 않는 용기에 있다." 참으로 훌륭한 말씀이라고 생각합니다.

두 번째로 소개드릴 이야기는, 제가 매우 좋아하고 또 존경하는 사람인 중국의 정치가 천이(陳毅)[10]의 말입니다. 그는 저우언라이(周恩來) 총리 아래에서 부수상을 역임하기도 한 사람인데, 본래는 군인이었습니다. 이 분께서 1960년에 중국을 방문한 일본의 문학자 대표단을 앞에 두고 이런 말을 했습니다. "여러분, 감사합니다. 우리들(중국인들)은 '과거의 일은 이제 지나가버린 것으로 합시다.' 라고 말하고, 당신들은 '일본인으로서 과거를 잊어서는 안 됩니다.' 라고 말한다면, 그렇게 된다면 양국의 인민들은 진정한 우호를 실현할 수 있을 것입니다." 그리고 바로 이어서, "그러나 반대로 우리들이 일본인을 줄곧 미워하고, 당신들 일본인들은 중국인에게 상처 입혔던 사실을 깨끗이 잊어버린다면, 그렇게 된다면 중국과 일본 양국은 언제까지나 우호 관계를 실현할 수 없을 것입니다." 이 역시 매우 훌륭한 말씀이라고 생각합니다.

10) 천이(陳毅, 1901~1972). 상하이 초대 시장. 1958년에 저우언라이의 뒤를 이어 외교부장이 되어 활발한 외교활동을 펼쳤다.

지금 천국에 계신 천이 장군은 오늘날 중일 관계를 어떻게 바라보고 계실까요.

"혼자서는 탱고를 출 수 없다."(It takes two to Tango)라는 말이 있습니다. 역사의 화해라는 것도 마찬가지라고 생각합니다. 상호간의 공동 작업이며, 함께 노력해야만 하는 것이라고 생각합니다. 이것을 해낸 것이 잠시 후 말씀드릴 유럽, 특히 독일과 프랑스의 사례입니다. 독일은 역사 문제에 있어서 다음 세대에 대한 교육 등 여러 가지 노력을 기울였고, 한편 프랑스도 이러한 노력을 기울이는 독일을 넓은 마음으로 용서했습니다. 오늘날 독일과 프랑스의 친밀한 관계가 이 점을 증명하고 있습니다.

그리고 마지막 메시지는, 지금까지 말씀 드린 것과는 조금 다른 맥락에서 나온 이야기입니다만, 오늘날 동아시아 상황을 볼 때에 한일, 일중 간에 '역사'나 '영토' 문제 등 여러 가지 문제점들이 돌출되고 있는 가운데, 이 지역의 정치 지도자들에게 이 말씀을 드리고 싶습니다.

"여론에 귀를 기울이지 않는 지도자는 어리석은 지도자다. 여론에 따라서만 움직이는 지도자는 평범한 지도자다. 진정한 지도자는 뜻을 세우고, 용기를 내어 여론을 설득하고, 이를 이끌어나가는 지도자다."

오늘 서울대학교 일본연구소의 남기정 선생님과 잠시 이야기를 나눴는데, 남 선생님께서는 박근혜 전 대통령이 가령 사드(THAAD)나 군사정보포괄보호협정(GSOMIA) 같은 문제를 다루는 데에 있어서, 국민들에게 설명하고 설득하려는 노력이 부족했다고 말씀을 해 주셨습니다.

슬슬 마지막이군요. 먼저 말씀드리고 싶은 것은, 동아시아의 정치·경제·사회 등 각 방면의 정세를 조망하건대, 이 지역의 장래를 향한 지속 가능한 발전을 위해서는 역시 이 지역에 자유롭고 투명성이 높은 사회, 그리고 법에 근거한 통치가 이루어지는, 이른바 시민사회를 구축하려는 노력이 필요하다고 생각합니다. 이 부분에서는 일본도 아직 미숙한 점이 있습니다. 한국의 경우에는 시민사회라는 부분에 있어서, 가령 촛불시위 같은 현상들을 볼 때에, 일면 일본보다 좀 더 낫지 않은가 생각되는 점도 있습니다만, 그럼에도 불구하고 한국 역시 진정한 시민사회의 성숙은 아직 이루어지지 않았다는 생각이 듭니다.

이와 관련해서, 독일과 프랑스 사이에 맺어진 엘리제 조약에 대해서 한 말씀 드리겠습니다. 한중일 3국 사이에서도 정상들이 한 자리에 모여 토론을 할 수 있는 자리가 매년 마련되고 있습니다. 작년에는 일본 측에서 초청할 차례였습니다. 그런데 한국에서 정치적인 혼란 상황이 발생해서 실현되지 못했습니다. 한국에서 새로운 대통령이 선출된 직후인 금년 후반기에 과연 이 만남이 성사될 수 있을지는 잘 모르겠습니다만, 그래도 올해에는 꼭 실현되었으면 합니다. 여기에서 저는, 조금은 꿈같은 이야기일지도 모르겠습니다만, 이 한중일 3국의 정상들이 모인 회담 자리에서 언젠가는 유럽의 엘리제 조약 같은 것, 말하자면 엘리제 조약의 동아시아 버전을 이루어낼 수는 없을까 하는 생각을 하고 있습니다. 엘리제 조약의 내용은 나눠드린 페이퍼에 적혀있습니다.11) 독일과 프랑스는 1963년 이 조약을 맺었는데, 보시다시피 훌륭한 내용들이 담겨있습니다. 예를 들자면 특히 청소년 교류 같은 것이 있습니다. 매년 독일과 프랑스 사이에서 4만 명 규모로 이루어지고 있습니다. 지금까지 모두 수백만 명의 독일, 프랑스인들이 교류를 경험했습니다. 독일과 프랑스는 외국에 대사관을 함께 두고 있는 경우

---

11) [부록] p.95 참조.

도 있습니다. 서로 때로는 극비 정보 같은 것도 공유하면서 일을 하고 있는 것이겠지요.

독일과 프랑스가 화해할 수 있는 토대가 된 것이 1963년에 맺어진 그 유명한 엘리제 조약입니다. 이 조약에 서명한 인물들은, 프랑스의 경우 드골 대통령과 기타 관계 각료, 서독의 경우에는 아데나워 총리와 기타 각료였습니다. 저는 동아시아에서도 이러한 조약이 한국, 중국, 일본 3국 사이에서 이루어질 수는 없을까 생각하고 있습니다. 앞서 일본연구소의 김현철 소장님께서 하시는 말씀을 들었는데, 이곳 서울대학과 도쿄대학, 그리고 베이징대학 사이에서 각각 10명 정도의 규모로 매년 대학생 교류 행사를 하고 있다고 합니다. 이것은 참 훌륭한 일이라고 생각합니다. 오늘 이 자리에도 젊은 분들이 많이 와 계신데, 여러분들 사이에서 엘리제 조약의 동아시아 버전을 한 번 만들어 보시면 어떨까요?

물론 정치 레벨에서는 이것이 금방 이루어질 수는 없다고 생각합니다. 그러니까 우선은 여러분들이 해보면 어떨까요. 조약의 이름은 무엇으로 붙이면 좋겠습니까? 나라(奈良) 조약도 괜찮을 것 같습니다. 일본에서라면 도쿄(東京)가 아니라 역시 나라가 좋습니다.

과거, 일본의 경우 동아시아 교류의 중심은 나라에 있었습니다. 그러니까 3국의 정상회담도 그곳에서 열고, 조약 이름도 나라 조약이라고 명명하면 좋을 것 같습니다. 3국 정상회담이 만약 한국에서 열린다면 경주도 괜찮을 것 같습니다. 한국이라면 서울보다는 경주, 중국이라면 베이징보다는 시안(西安). 옛날 중국의 경우 이러한 교류의 중심지는 장안(長安)이었습니다. 지금의 시안이죠. 활발한 교류가 이루어지던 좋은 시절을 떠올리게 됩니다. 지금 당장은 무리이겠습니다만, 여기 계신 청년분들이 조금 더 성숙해질 때에는 이러한 기대가 이루어질 수 있으면 좋겠습니다. 우선은 꼭 여러분들 사이에서 시험 삼아 만들어 보셨으면 좋겠습니다. 이상으로 발표를 마치겠습니다. 감사합니다.

토론문

● 위안부 문제는 여성의 소중한 인권, 존엄을
근본적으로 상처 입힌 사건으로, 비록 전쟁의
광기가 몰고 온 결과라고는 하지만 일본은
이 문제와 제대로 마주해서 어떠한 대응을
하지 않으면 안 된다는 인식이 정치권에는
있었던 것입니다.

그래서 거국적으로 만들어 낸 것이 '아시아
여성기금'이었습니다. 국민들로부터 기금을
모금하는 편이 보다 마음이 담긴 '속죄'가 되지
않겠는가 하는 생각에서 진행한 결과, 엄청난
금액이 모금되었습니다.

중요한 것은 마음에 상처를 입은 여성들에게
다가가서 그 분들의 어려움, 고뇌를 공유하
려는 마음이라고, 그리고 이런 마음이 있으면
길은 열릴 수 있다고 생각합니다.

토론 및 질의응답

남기정 : 네, 감사합니다. 자, 그러면 대담을 시작하도록 하
겠습니다. 오늘 저희들이 정말 굉장히 좋은 시간을 갖
고 있는데요, 다니노 대사님에 대해서는 이미 소개
말씀이 있었습니다만, 한번 더 확인하자면, 78년도 아
시아국 중국 과장으로 아시아와의 인연을 맺기 시작
하셔서, 주인도 대사, 주중 대사 등, 주로 아시아 관련
일을 하셨는데, 그 사이에는 아까도 말씀하셨던 것처
럼 대한민국 주한 일본대사관에 공사로도 계시고, 과
거에 김대중 전 대통령하고도 개인적인 관계를 가지
시면서, 김 전 대통령이 고초를 겪을 때에도 옆에서
지켜보시면서 한국 민주화를 열어가는 데 약간의 역
할을 하신 분이시기도 합니다. 또 오늘 대담자로 모신
김석우 전 차관님은 68년도에 외무고시 합격을 하셔

서 외무부에 입부를 하신 이후에 주로 한일관계에서 굉장히 중요한 역할을 많이 해주셨습니다. 주일 대사관 정무과장, 외무부 동북아1과장, 주일 대사관 참사관, 그 다음에 외무부 아주국장을 역임하시면서 한일관계에서 어려운 문제들을 많이 풀어 주시는 중요한 역할을 해주셨습니다. 그리고 아주국장 시절에는 한중 국교정상화, 한베트남 국교정상화를 이끌어 내신, 그런 중요한 역할을 해주신 분이십니다. 저는 개인적으로 지금 국립외교원에서 하고 있는 김석우 차관님에 대한 구술사 췌록 작업을 하면서 굉장히 많은 것들을 배웠습니다.

그리고 90년대 초반에 한 단계 새로운 한일관계로 들어가는 입구에서 두 분은, 아까 다니노 대사님께서 전우라고 표현을 해주셨는데, 한국과 일본 사이에 있던 아주 어려운 문제를 풀어 가는데 치열한 전투를 전선에서 벌여주신 분들이십니다. 그래서 두 분의 말씀을 듣는 것은 굉장한 의미가 있다고 생각됩니다. 제가 조금만 너 마이크를 잡겠습니다만, 제가 강연제목을 온고지신의 한일관계라고 이름을 붙여봤습니다. 지금 돌이켜 생각해보면 1990년부터 2010년 정도까지 한 20년 정도는, 그 이전과 매우 다르고, 지금과도

결이 다른, 낙관적인 분위기가 지배하는 가운데 밝은 아시아를 생각할 수 있었던 그런 시기였던 것 같습니다. 냉전이 붕괴되었고, 일본은 조금 예외적입니다만 국가자본주의적인 경제체제를 가지고 있던 아시아의 많은 국가들이 시장경제를 받아들이고, 일본을 중심으로 위계적인 국제 분업구조 속에 있던 것에서, 상당히 대등한 입장에서 교류, 교역하는 그런 관계가 되었고, 국내 정치적으로도 권위주의 체제에서 민주화가 되면서 정치적인 자유화가 이루어졌구요. 그러한 분위기 속에서 아시아 전체가 새로운 아시아로 변화하면서, 아시아 공동체 논의에서 우리가 이해할 수 있는 것처럼, 벽을 제거하면서 마음으로 통하는 그런 나라, 국가 간의 관계를 만들 수 있을 것 같았는데, 지금 와서 보니까 그렇지 않은 방향으로 흐르고 있단 말이죠. 그래서 이러한 상황에서, 이때 치열하게 새로운 시대를 열기 위해서 고민했던 그런 분들을 모시고 이야기를 듣는 것이 매우 중요하다고 생각했습니다. 이 시기의 이야기는 지금의 문제를 푸는 데에도 굉장히 중요한 의미를 가질 것입니다. 물론 상황이 성숙해서 새로운 시대를 열어가는 것이라고도 하지만, 그러한 시대를 열어 가는 데는 전선에서 움직이는 사람들이 있는 것이죠. 새로운 시대를 열어 가는데 움직였던 '사람들'에게 초점을 맞춰 우리가 얘기를 들어보고자 하는 겁니다. 그래서 대담 시간을 좀 가져보겠는데요. 두 분이서 아주 치열하게 싸우셨던 그 문제는 조금 뒤로 하고, 조금 편안한 이야기부터 시작하도록 하겠습니다.

가벼운 질문인데요, 두 분이 처음 만난 날을 기억하십니까? 언제 만나셨는지, 그리고 처음 만났던 그때의 인상이 혹시 기억 나는게 있으시면 간단하게 말씀해 주시겠습니까? 먼저 김석우 전 차관님께서 말씀해 주시겠습니까?

김석우 전 통일원 차관(이하 김석우) : 아주 정확하진 않지만 제가 일본과장을 하기 전에 동경에서 81년부터 83년까지 있었습니다. 그때가 한일관계가 굉장히 어려웠을 땐데, 전두환 대통령 때였고 교과서 문제가 불거졌었고, 60억불 경제협력 문제도 있어서 굉장히 어려운 시기였어요. 다니노 대사님께서는 그때 총리부의 외교담당 비서관으로 계셨는데, 저녁때 비공식으로 만나 이야기를 하는 자리에 우리를 응원하러 왔을 때 대사님과 제일 처음 만난 거 같아요. 그 다음에 서울에 와서 주한 특명전권공사로 어려운 한국 문제를 다루는 힘든 일을 맡으셨을 때, 제가 일본과장을 했고. 그런 인연이 있었습니다.

남기정 : 그 때 인상은 어떠셨습니까?

김석우 : 우리말로 대인이랄까, 아까 박철희 원장님이 말씀 하셨지만, 철학이 있고 또 시야가 넓다, 그 다음에 리 버럴한 생각을 갖고 있다. 우리가 보통 보는 일본 분 이라면 디테일에 강하지만은 시야가 넓다는 느낌은 좀처럼 가질 수 없었는데 굉장히 시야가 넓다…. 그 런 의미에서 대인 같다는 인상을 받았고, 저희들이 어려울 때 100% 만족하지는 못했지만 지문 문제나 이런 문제를 국제적인 감각을 가지고 경찰청이나 법 무성을 설득하는데 도움을 굉장히 많이 주셨죠. 역사 문제도 마찬가지고.

남기정 : 네, 감사합니다. 다니노 대사님께서는 기억하십니 까, 처음 만남을?

다니노 : 김석우 전 차관님과 처음 만났을 때의 일은 정확하

게는 기억이 나지 않습니다. 하지만 그 후 김 전 차관님과는 참 오래도록 교분을 쌓았습니다. 김 전 차관님은, 굉장한 핸섬 보이(Handsome Boy)시죠. 예전에 여러 가지 안건을 두고 서로 격렬하게 토론을 하면서도, 또 한편으로는 납득이 되었다고 할까요, 서로 가슴 속에 상대방의 이야기를 받아들이기도 하면서 의논을 거듭했던 일들이 기억납니다. 하지만 역시 김 전 차관님과는 무엇보다 밤중에 소주잔을 기울이면서, 둘이서 패티 김의 '이별'이란 노래를 자주 불렀었죠. "어쩌다 생각이~" 이런 노래인데, 저도 참 좋아하는 노래였습니다. 이런 추억이 아주 진하게 남아있습니다. 참 그리운 '전우(戰友)'죠.

제가 한국에서 근무를 마치고 도쿄로 복귀하니까, 그곳에 있던 선배가 제가 한국에 있는 동안 "참 힘들었겠다. 고생했겠구나." 이렇게 말을 하는 겁니다. 그 당시에도 지금과 비슷하게 교과서 문제가 있었고, 또 전두환 대통령으로부터 거액의 엔 차관 요구를 받아서 여기에 대응해야 하는 문제도 있었습니다. 그래서 제 윗사람이었던 선배도 고생 많았다는 얘기를 해주었던 것이죠. 하지만 그렇지 않았습니다. 좀 전에 말씀드렸던 것처럼, 진심으로 즐거운 추억 가득했던

2년 반 동안의 서울 근무였습니다. 그 전에는 마오쩌둥 시대의 중국에서, 그리고 보다 더 전에는 소련에서 근무를 했습니다만, 그곳에서는 진정한 친구를 사귀기가 매우 어려웠습니다. 한국에서는 일적으로는 서로 부딪히는 경우도 있었지만 좋은 친구들도 많이 생겼습니다. 그러니까 서울에서의 2년 반이라는 시간은, 흔히 말하는 조울증(躁鬱症)의 '조(躁)'와 '울(鬱)'에 빗대어 표현하자면 대체로 활기찬 '조'에 가까웠습니다. 물론 교과서 문제 등도 있었으니까, 한 2할 정도는 '울'의 시간이었습니다만. 그래도 역시 참 즐거운 2년 반이었고, 많은 추억이 남았습니다.

남기정 : 네, 감사합니다. 좋은 분위기로 일단 이야기를 시작한 것 같습니다. 한일관계로 들어가기 전에 동아시아를 넓게 보는 시야를 가지고 문제를 바라보고 싶습니다. 그래서 준비한 질문인데요, 다니노 대사님의 책을 읽으면서 한일관계만이 아니고 중국도 넣어서 크게 동아시아를 봐야 한일관계가 보인다고 하는 것을 다시 느꼈습니다. 그런데 제가 아까 말씀드린 것처럼 90년대 이후에 새로운 아시아가 열리는데, 그 이전에 사실은 80년대 중반 또는 조금 더 거슬러 올라가서

80년대 초반부터 중국을 포함해서 동아시아의 분위기가 조금 다르게 만들어지고 있구나 하는 것을 알 수 있었습니다. 그래서 다니노 대사님께 드리는 질문인데요.

아마 오히라(大平), 스즈키(鈴木) 내각 시절12)이었고 대사님께서 아시아과장, 아니면 중국과장을 하실 때였을 것 같습니다. 일본정부가 대(對) 중국 ODA13)를 처음 결정하고 1979년도에 중국 ODA를 시작하게 되었는데, 그때 일본의 중국 ODA라고 하는 것은 언타이드 론이어서, 조건이 붙지 않는 것이었기 때문에 일본이 가져가는 것은 20%에 불과하였다고 합니다. 나머지는 일본이 관여하지 않았다고 하는데, 어쩌면 한국 기업도 일본의 대중 ODA를 수주한 쪽에 있었지 않았나 하는 발언을 증언록에서 하셨습니다. 그것에 대해서 조금 더 기억하고 계신 게 있으면 말씀을 듣고 싶습니다. 그러니까 79년 바로 그 시점이 아니라고 하더라도, 대중 ODA가 간접적으로 한국에 흘러들어 왔거나, 아니면, 한국의 경제발전에 도움이 됐거나

---

12) 오히라 내각(1978.12月~1980.7月), 스즈키 내각((1980.7月~1982.11月)
13) ODA는 Official Development Assistance의 약어. 정부개발원조, 또는 공적개발원조라고도 함.

하는 게 있을 수 있는지 듣고 싶습니다.

다니노 : ODA는 여러분들도 알고 계시리라 생각합니다만, '정부개발원조'라고 해서 매우 저렴한 금리로 상대국 정부에 자금을 빌려주거나(차관), 혹은 무상으로 자금을 제공하는 것(무상원조)이 있습니다. 그리고 지금 남기정 선생님께서 말씀하신 타이드(tied)와 언타이드(untied) 문제도 아마 여러분들께서는 잘 알고 계시리라고 생각합니다만, 타이드라는 것은 일본이 자금을 제공할 경우 그 자금으로 전부 일본의 상품, 일본의 서비스를 구입하도록 하는 것입니다. 그것이 조건이 붙어있는 '타이드 론'입니다. 그러나 오늘날에는 국가 간 약정이 있기 때문에, 이런 방식으로는 엔 차관이 이루어지지 않습니다. 즉 타이드 론이 아닌 언타이드 론이죠.

언타이드라는 것은 가령 중국을 상대로 예를 들자면, 일본이 자금은 제공하지만 중국 측이 일단 그 자금을 수령하고 나면, 중국 측이 그 자금을 사용해서 어느 나라의 상품이든 자유롭게 구매할 수 있는 것입니다. 오히라(大平) 내각[14] 당시에 저는 중국과장을 역임하고 있었습니다만, 그 때 국내에서도 여러 가지 말들이 있었을 뿐만 아니라, 외국, 특히 유럽으로부터는 일본이 엔 차관을 무기로 삼아서 중국 시장을 공략하는 도구로 쓰려고 하고 있다, 괘씸하다는 이야기가 있었습니다. '원조'라는 미명 하에서 그러한 짓을 하려고 하고 있다는 시각이었죠. 일본 정부쪽에서는 "그렇지 않다. 중국에 대한 원조는 어디까지나 중국의 경제발전, 개혁을 돕기 위한 것이다"라고 주장했습니다. 하지만 아무래도 유럽으로부터 그러한 의심을 받았던 것도 이유가 되어서, 언타이드로 진행을 했습니다. 이것은 일본 원조(즉 엔 차관)의 대원칙입니다.

한국과 중국이 국교를 정상화한 것은 25년 전의 일입니다. 중국에 대한 일본 정부의 차관은 2008년 시점에서 종료되었습니다만, 그 때까지는 줄곧 이어지고 있었기 때문에 그간 일본 정부로부터 좋은 조건으로 제공 받은 론을 이용해서, 한국기업은 물론이거니와 중국기업도 수주를 했을 것임에는 틀림없습니다. 물론 이에 대해서는 일본 정부의 입장에서도 이론(異論)은 없습니다.

중국의 케이스는 아닙니다만, 제가 지금도 기억하고

---

14) 오히라 마사요시(大平正芳) 총리(1978.12月~1980.7月 재임).

있는 한 사례를 말씀드리겠습니다. 여러분, 인도에 가 보신 적이 있으신지요? 뉴델리에는 대규모 지하철인 '델리 메트로'가 운영되고 있습니다. 이것은 일본이 제공한 엔 차관으로 만들어진 것입니다. 인도 정부는 일본 정부로부터 받아들인 저금리의 차관으로 지하철의 차량을 구입하였습니다. 어느 나라의 차량을 구입했을 거라고 생각하십니까? 전부 한국산이었습니다. 왜 그런가 하면, 저렴했기 때문입니다. 성능은 훌륭하고 가격은 저렴하니까 당연한 결정이었죠. 이에 대해서 일본 정부는 불만을 제기하지 않았습니다. 어디까지나 이에 대한 결정권은 인도 측에 있었기 때문입니다. 하지만 본래 자금을 제공한 것은 일본 정부였던 것입니다. 그러니까 엔 차관을 언타이드로 하는 것에 대해서는, 사실 일본 경제계에서 평가가 좋지 않습니다. 모처럼 일본 국민의 돈을 써서 자금을 제공했는데, 그것을 이용하는 것은 외국 기업인 경우가 많기 때문입니다. 중국의 경우, 일본 기업으로까지 그 자금이 회전되는 비율이 전체의 약 20% 정도나 될까요. 하지만 이 론(엔 차관)을 언타이드로 하는 것은, 일본 정부가 절대로 굽히지 않는 대원칙입니다.

남기정 : 네, 감사합니다. 좀 더 들어봐야겠지만 어쩌면 홍콩을 경유해서라도, 삼각형 또는 사각형으로, 한중 국교 정상화 이전에 이러한 관계가 저변에서 만들어지고 있었다는 것을 확인할 수 있는 것 같습니다. 한 가지 흥미로운 것은, 이것도 역시 증언록에 나오고 있는 이야기인데요. 1979년도 2월에 덩샤오핑이 미국에 방문했다가 돌아오면서 일본에 들렀는데, 그때 일본의 오히라 수상과 회견을 합니다. 그때 오히라 수상이 중국과 베트남의 관계에 대해서 우려를 표명합니다. 오히라 수상이, 중국이 한국과 교류 하는 게 어떻겠느냐고 이때 덩샤오핑에게 권고했다고 하는 겁니다. 이 시기에도 이런 이야기가 오고 갔다는 이야기죠. 그러니까 아시아를 보고 세계를 보면 조금 더 다른 그림들을 이 시기에 그릴 수 있다고 하는 겁니다.

그리고 김석우 차관님은 『남북이 만난다 세계가 만난다』라고 하는 회고록[15]을 쓰셨는데요, 여기에 보면 일본을 중심으로 동아시아 세계를 보면 그런 방향이 보입니다. 그래서 예컨대 사힐린 동포문제 같은 것이 일본에 주재하고 있었기 때문에 그게 보이고 이걸 풀

---

15) 김석우, 『남북이 만난다 세계가 만난다』, 고려원, 1995.

다보니까 한소 국교수립 이전에 소련을 상대를 해서 외교를 한다거나, 이런 것들이 보이는 거죠. 그 점에서 김석우 차관님께 여쭙고 싶은 것은, 한중 국교정상화를 추진하시는데, 일본 주재 경험이라고 하는 것이 어느 정도 의미가 있었는지, 또 일본과의 관련 속에서 맺어졌던 인맥 같은 것도 역할이 좀 있었는지, 그런 것도 궁금합니다.

김석우 : 한국과 중국은 6·25전쟁 때 적대관계가 있었기 때문에, 우리가 조금씩 호감을 가졌음에도 불구하고 중국은 굉장히 적대적인 외교적 자세였고, 그러니까 만나도 악수도 인사도 하지않는 그런 관계였죠. 그러니까 일본에서 덩샤오핑이나 그런 사람들에게 권고를 했음에도 불구하고 효과가 나타나는 건 굉장히 시간이 걸렸다고 생각됩니다.

본격적으로 중국이 우리와의 수교 가능성을 정책에 반영하는 것은, 83년 5월 5일에 중국 민항기가 다녀갔을 때에도 아직 확실하지 않았는데, 그 후 85년 3월 21일에 중국 어뢰정이 흑산도에 표류해왔어요. 그래서 그때 우리가 어뢰정을 대만이 아니라 중국으로 보냈는데, 그 후 덩샤오핑이란 지도자가 '아, 한국하고

대화해도 되겠구나.' 하는 이런 정책 결정을 한 걸로
보입니다. 한 달 후에 첸치천(錢其琛)[16] 당시 외교부
부부장을 비롯한 사람들한테, 한국과 수교 할 준비를
하라는 지침을 주었습니다. 같은 85년 4월에 덩샤오
핑이 개인비밀특사로 (International) Flying Tigers의
미망인(Anna Chennault)[17]을 한국의 전두환에게 보
내서 고맙다는 인사를 전했습니다. 그 후에 중국 사람
들이 준비를 한 걸로 보입니다. 그래서 그 후에는 아
까 말씀하신 일본의 ODA에 한국 측 기업이 참여했을
것으로 보입니다. 그러나 중국과 수교교섭을 91년에
할 때, 제가 중국 측 상대방한테 뭐라고 했느냐면, "한
국 기업이 여기 들어오면 당신들은 굉장히 유리해진
다. 2개 공장을 지을 자금으로 3개 지을 수 있다. 우리
한국 기업이 입찰가격을 낮추기 때문이다." 이걸 최근
에도 우리들이 중국을 설득하는 논리로 쓴 적이 있습
니다. 그런 게 그 당시의 상황이었습니다. 우리가 중

---

16) 첸치천(錢其琛, 1928~2017). 중국의 정치가이자 외교관. 1992년
    8월 한중 수교협정 당시 외교부장으로서 중국을 대표하여 협정
    문에 서명했다.
17) 안나 셔놀트(1925~). 중국 이름 천샹메이(陳香梅). 제2차 세계대
    전 당시 중국 측에 가세하여 일본과 전투를 벌였던 Flying Tigers
    부대의 창설자인 클레어 셔놀트(Claire Chennault) 장군의 부인.

국하고 전혀 관련이 없을 때, 미국의 주홍콩총영사관, 그 다음에 일본 외무성, 워싱턴의 국무성과 같은 곳에서 중국에 대한 정확한 정보를 얻었는데, 일본 외무성에서 만들어낸 중국에 관한 리포트는 매우 정리가 잘 되어 있었죠. 그러니까 일본 외무성의 리포트는 중국을 파악할 때 굉장히 중요한 참고자료였습니다. 아까 말씀드린 85년 3월 21일에 중국 어뢰정 표류사건 때, 그걸 끌어가려고 중국 군함이 우리 영해를 침범한 일이 있습니다. 그래서 우리 정부의 긴급 대책회의가 8시에 있었고 9시에 주한미국대사관의 던롭(Harry Dunlop) 참사관, 그리고 주한 일본대사관 아라 요시히사(荒義尚) 공사를 각각 초치하여 중국 군함을 빨리 영해 밖으로 퇴거하라는 메시지를 중국에 전달해달라고 요청한 일이 있습니다. 그 당시, 우리는 중국하고 채널이 없으니까, 그런 과정에서 일본과 미국이 중국에게 메시지를 전달해주는 그런 역할을 했었습니다.

남기정 : 다니노 대사님, 이 부분에서 혹시 조금 더 보충하실 말씀 있으신가요?

다니노 : 79년, 오히라 총리가 중국을 방문했을 당시[18] 저는 중국과장이었기 때문에 동행을 했고, 그래서 그 당시에 한중관계에 관한 이야기를 했었다는 것은 어렴풋하게나마 기억하고 있습니다. 오히라 총리는 외무대신이었던 시절, 한일관계의 정상화에 큰 역할을 하신 분입니다. 아마도 1963년이었을 겁니다. 도쿄에서 JP(김종필)와 합의가 이루어졌습니다. 그 유명한 '무상 3억불, 유상 2억불' 타결. "이걸로 한일 교섭은 루비콘 강을 건넜다."라고 말씀하셨던 것을 기억하고 있습니다. 하지만 그 후 다시 교섭이 최종적으로 타결될 때까지는 2년이 걸렸습니다. 어업 분야에서 여러 가지로 충돌이 있었기 때문이죠. 오히라 총리는 한일관계에 여러모로 힘쓰셨습니다. 그렇기 때문에 아까 말씀하신 것과 같은 얘기를 중국 측에도 했던 것이라고 생각합니다. 한중 정상화가 이루어진 당시, 김석우 전 차관님께서도 사무 담당자로서 관여하고 계셨습니다만, 저는 역시 한국이 중국과 국교를 정상화할 수 있었던 배경은 냉전의 붕괴였다고 생각합니다. 89년부터 90년까지였던가요. 그래서 그 후, 90년에는 한국과 소

18) 오히라 총리의 방중(訪中)은 1979년 12월 5일.

련의 국교 정상화가 이루어졌고, 그리고 91년에는 UN에 한국과 북한이 동시 가입, 92년 8월에는 한국과 중국의 국교 정상화가 이루어졌습니다. 따라서 올해는 한국과 중국의 국교 정상화 25주년을 맞이하게 되는군요. 아무튼 베를린 장벽이 무너진 후, 그것을 계기로 노태우 전 대통령이 대담하게도 북방외교[19]라고 하던가요, 그러한 정책을 추진한 것이 주효했습니다. 저는 그래서 이런 부분에서는 노태우 전 대통령의 외교적 노력을 좀 더 평가해줄 수 있지 않을까 생각합니다. 모두들 노태우 전 대통령을 '물태우'라고 부르는 것 같긴 합니다만, 일본과의 관계에 있어서도, 노태우 전 대통령은 일본을 직접 방문하는 등 한일관계를 위해 열심히 노력했습니다.

그 당시, 노태우 전 대통령이 일본에서의 마지막 일정을 마치고 오사카에서 출국을 하게 되었는데, 일본 측에서 의전을 담당하고 있던 의전장의 부인은 노태우 전 대통령의 인품에 반해서, 이별하는 게 아쉽다며 비행장에서 눈물을 흘리기도 했었습니다. 역시 따

---

19) 북방외교 혹은 북방정책. 노태우 정권의 외교정책. 중국, 러시아는 물론 동구권 사회주의 국가를 대상으로 관계 개선을 추진하였다.

뜻한 인간미가 있는 분이었습니다. 결코 '물태우'이기만 했던 것은 아니었습니다.

나중에 김대중 정권이 들어서고, 당시 오부치(小渕) 총리[20]와의 사이에서 교환된 공동선언('한일파트너십 공동선언', 1998년)은 매우 훌륭한 내용을 담고 있어서 당시에 한국과 일본에서 모두 높은 평가를 받았습니다. 일본과 한국은 그 출발점을 지금 다시 한 번 되돌아볼 필요가 있을 것 같습니다.

남기정 : 감사합니다. 이제 본격적으로 한일관계 이슈, 쟁점들에 대해 들어가 보겠습니다. 1982년도 한일 교과서 분쟁 문제인데요. 당시에 김석우 차관님은 주일대사관 정무과장 시절이고, 다니노 대사님은 스즈키 내각의 총리비서관 시절입니다. 이때 교과서 문제가 전면에 대두했는데요. 당시의 일본 측의 스즈키 내각에서는 내부적으로 이 문제를 어떻게 바라보고, 어떻게 해결하려고 했는지, 그리고 그 해결과정에서 미야자와 담화가 나오는데, 그 미야자와 담화를 만드는 과정 등에 대해서 다니노 대사님이 먼저 말씀을 좀 해

---

20) 오부치 게이조(小渕恵三), 총리(1998.7月~2000.4月 재임).

주시고, 그 다음에 김석우 차관님께서 당시 한국 대사관의 분위기, 해결 노력 같은 것을 간단히 되짚어 주시면 좋겠습니다.

다니노 : 교과서 문제는 잘 기억하고 있습니다. 1982년에 미야자와(宮沢) 관방장관의 담화가 나왔습니다. 핵심적인 내용은 "교과서 문제에 대응함에 있어서 일본은 아시아 이웃 국가들과의 우호친선을 위해 노력하며 이들 국가들로부터의 비판에 충분히 귀를 기울이고, 역사 교과서의 내용에 대해서는 정부의 책임 하에 두어 시정해야 할 부분은 시정한다."라는 것이었습니다. 이에 대해서 일본 안에서는 한 나라의 교과서에 대해서 외국으로부터 이러쿵저러쿵 말을 들어서 그대로 고치거나 하는 것은 내정간섭인데, 그걸 받아들이는 거냐며 비판하는 사람들도 있었습니다. 그렇지만 그 당시 스즈키(鈴木) 총리[21]와, 미야자와 장관을 위시한 정치가 분들의 결단으로 그렇게 결정되었습니다. 그리고 당시가 지금과 달랐던 점은, 일본에도, 또 한국에도 양국의 관계를 걱정하는 정치인들이 여러분

---

21) 스즈키 젠고(鈴木善幸), 총리(1980.7月~1982.11月 재임).

계셨다는 것입니다. 교과서 문제만 놓고 보면 모리 요시로(森喜朗)[22], 지금은 고인이 되신 미쓰즈카 히로시(三塚博)[23]와 같은 정치인들이 때때로 도쿄와 서울을 오가고 있었습니다. 한국 측에도 이에 대응할만한 정치적인 포용성이 분명 있었습니다. 그래서 정치 레벨에서 한일관계의 어려운 문제들을 의논하고 해결해 나갈 수 있었습니다. 지금은 정치 채널이 예전처럼 활성화되어 있지 않은 것 같다는 생각이 듭니다. 정부기관은 역시 자기의 입장이 있기 때문에 여러 가지로 운신에 어려움이 있습니다. 그런 부분을 정치가들이 서로 오가면서 보완하고 있었습니다. 저는, 다음 세대가 어떤 교과서로 교육을 받는가 하는 것에 대해서, 주변 관계국들이 의견을 가지는 것이 이상한 일이 아니라고 생각합니다. 그것을 내정간섭이라고 이야기하는 편이 오히려 이상하죠. 신중한 태도로 귀를 기울 일에는 귀를 기울이는 편이 좋다고 생각합니다. 저는 결코 내정간섭이라는 식으로는 생각하지 않습니다.

---

22) 모리 요시로(森喜朗), 정치가. 총리(2000.4月~2001.4月 역임).
23) 미쓰즈카 히로시(三塚博), 외무대신(1989.6月~1989.8月), 대장대신(1996.11月~1998.1月) 등을 역임.

나카소네(中曽根) 전 총리[24]도 같은 생각이셨습니다. 그분은 강력한 리더십을 발휘해서 자신이 직접 지휘하여 일본의 역사교과서 일부를 다시 쓰게 하거나, 이에 저항하는 문부대신을 교체해버리기도 했습니다. 한편 한국의 역사 교과서에도, 일본인들의 관점에서 보자면 문제가 있는 부분들이 있습니다. 그러한 부분들에 대해서는 또 그 나름대로 일본인들이 제대로 의견을 제시하면 된다고 생각합니다. 유럽의 경우에는 근현대 역사에 대해서 공통의 역사교과서를 비로소 만들어냈습니다.[25] 물론 정부가 관여했습니다. 동아시아에서도 언젠가 그러한 날이 올 수 있을까요. 한중일이 훗날 공정한 입장에서 공통의 역사교과서를 만들 날이 온다면 좋겠습니다만, 이것이 당장 이루어지지는 않는다고 하더라도 그때까지는 이 문제를 학자들에게 맡겨두고 학자분들 사이에서 충분한 논의가 이루어지게 해야 합니다. 그리고 이러한 분야의 문제들을 곧장 정치적 의제로 가져가지도 말아야합니다. 충분한 역량이 있는 한중일 3국의 학자들이 서로 의

----

24) 나카소네 야스히로(中曽根康弘), 총리(1982.11月~1987.11月 재임).
25) 이 작업에 가장 앞장서고 있는 나라는 독일이다. 독일은 2006년에 독일-프랑스 공동 역사교과서를 출판했고, 2016년에는 독일-폴란드 공동 역사교과서를 출판했다.

논할 수 있는 자리를 마련해서 토론은 그곳에서 이루어질 수 있도록 맡기고, 정치는 옆에서 너무 소란피우지 않으면서 그 일의 진행을 차분히 지켜보는 것, 이것이 중간 단계라고 생각합니다.

김석우 : 네, 교과서 문제는 그 당시 외교적으로는 일선에서 굉장히 당황스럽기도 하고 어려운 과제였습니다. 그 당시에 제가 보기에는 일본하고 한국하고 국력의 차이라는 건 15대 1 정도 되지 않았나… 지금은 한 3대 1로 되었죠. 그러니까, 우리 국민들의 교과서 문제에 대한 반응이 굉장히 뜨거웠고 그걸 우리가 제대로 반영해야 된다는 생각 때문에 일본과의 교섭은 굉장히 어려웠습니다. 다행히, 우리의 의회가 아까도 말씀하셨지만 국회 차원에서 많이 지원을 해줬고 우리 교육관이나 교과서 전문가들이 일본의 교과서를 분석해서 그걸 일본과 외교교섭을 해서 진전시키는 방안을 만들어 내고, 한꺼번에 우리가 원하는 만큼 되지 않아도, 선분가들을 통해서, 그리고 의원 연맹 차원의 방법을 통해서 해결 해나갔습니다.

다른 한편에서는, 국내적으로는 지금까지는 반일만 했었는데 이제 일본을 뛰어넘는 극일을 해야 된다고

해서 81년에 국민 성금을 400여 억 원 모금을 해서 천안에다가 독립기념관을 만든 이런 일이 있었습니다. 그 당시 저희들은 역사의 중요성이 얼마나 무게가 있는지를 깨닫기 시작했습니다. 물론 그 전부터 있었고, 이 문제가 한꺼번에 해결되지는 않지만 일본과 교섭할 때 굉장히 중요한 과제로서 우리가 이걸 극복하고 해결해야 된다는 인식을 했다고 볼 수가 있겠습니다.

남기정 : 네, 감사합니다. 시간이 사실 예정된 시간이 이미 지났는데, 다행스럽게도 이 자리를 좀 더 우리가 쓸 수 있다고 합니다. 그럼 이제 일본 군대 위안부 문제와 관련한 한일 역사 이슈로 들어가겠습니다.

김석우 차관님이 1991년도에 아주국장이 되시면서 이 문제가 전면에 나왔습니다. 이 문제를 언제 처음으로 인식하셨고, 이것을 외교적인 이슈로 일본과 외교 문제로서 논의해야 되겠다고 언제 어떻게 생각을 하셨는지, 그리고 91년도 8월 달에 중국에 무역회담 차 다녀오시면서 도쿄를 일부러 들르셔서 이 문제를 제기하셨다고 하셨습니다. 그 경위를 조금 말씀해 주실 수 있을까요?

김석우 : 실은 위안부라는 제도랄까 그런 일이 있었다는 것
은 저희가 어렸을 때 선배나 부모 세대로부터 들었습
니다. 다 알고 있었지만, 다만 우리가 유교사회였기
때문에, 그 여성들이 피해를 입었다 하더라도 그걸
자기가 다 안고 죽을 수 밖에 없었어요.

그런데 87년에 우리가 정치민주화가 되었는데, 86년
에 '권인숙 사건'[26]이 있었잖아요. 그래서 자신이 피
해를 입었지만 앞으로 어린, 후배 여성들이 자기와
똑같은 희생을 당하지 않게 하기 위해서 그걸 공개하
는 일이 86년에 있었습니다. 그런 사회적인 영향이
있었다고 저는 생각합니다.

그래서 91년 8월 14일 날 정신대문제대책협의회가 주
선해서, 김학순 씨가 공식적으로 자기가 피해자라고
선언을 했죠. 그게 이 문제를 공식화하는 계기가 됐
고, 텔레비전에서 논의하는 상황에서 제가 중국에 다
녀오는 김에 일본에 잠깐 들러서, 우리 사회상황이
이렇게 되어 있고, 이런 여론을 우리가 무시할 수 없

---

26) 1986년 6월, 부천의 한 제조공장에 위장취업 중이었던 서울대학교
학생 권인숙이 공문서(주민등록증)위변조 혐의로 체포된 뒤 경
찰서 지하실에서 취조 중 성적 고문을 당한 사건. 사건발생 1개월
후, 피해자 권인숙이 부천경찰서 경장 문귀동 등 가해자 6인을
고소하면서 세상에 알려졌다. 부천경찰서 성고문사건이라고도 함.

다, 이건 외교적으로 대비를 해야 된다, 이런 이야기를 제가 그 당시에 아시아국장인 다니노 대사께 말씀드린 것 같아요. 그 후에 미야자와 총리가 오시는 이런 과정을 거치면서 그게 외교 문제화가 됐다고 볼 수가 있죠.

남기정 : 네, 두 분이 회고록 또는 증언록에서 이 부분을 굉장히 중요한 문제로 다루고 계십니다. 다니노 국장님도 구절구절마다 굉장히 마음 아파하면서 이 문제를 고심했다고 말씀하시는데, 처음에 김석우 차관님께 이 이야기를 들었을 때, 그때 심정, 또는 이 문제를 어떻게 풀어야 되겠다고 생각 하셨는지, 그리고 미야자와 총리에게 어떤 식으로 어떤 경로로 보고했고 그때의 반응은 어떤 것이었는지, 그런 것들이 혹시 기억나는 게 있으시면 이야기를 해주셨으면 좋겠습니다.

다니노 : 이것은 짧은 시간 안에 전부 이야기할 수 있는 문제가 아니기 때문에, 관심이 있는 분들께서는 제가 이 주제에 대해서 쓴 책이 있으니 그 책을 읽어 주십사 부탁을 드립니다(谷野作太郎, 『外交証言録－アジア外交、回顧と考察』, 岩波書店, 2015). 이 책은 서울

대학교 일본연구소에도 한 권을 기증해 두겠습니다.

위안부 문제가 정치의 세계에서 표면화되면서, 일본 으로서는 도저히 피해갈 수 없는, 진지하게 마주해야 하는 과제가 된 것은 미야자와(宮沢)[27] 내각 당시였 습니다. 미야자와 내각이 수립된 이후, 미야자와 총리 는 첫 방문 대상국을 한국으로 결정했습니다. 그리고 미야자와 총리와 당시 한국의 노태우 대통령 사이에 서, 일본 정부가 이 꺼림칙한 과거에 대해서 제대로 조사하고, 그 조사결과를 발표하기로 결정을 보았습 니다. 이 부분은 미야자와 내각이 약속을 한 사안입니 다. 하지만 이것은 사실 큰일이었습니다. 저는 그 후 외무성의 아시아국장 자리에서 내각의 외정심의실 (外政審議室) 쪽으로 자리를 옮겼는데, 그곳에서 이 문제를 담당하게 되었습니다. 그런데 일본의 관계기 관들이 그다지 협력을 해주지 않았습니다. 그런 와중 에 당시 관방장관이었던 고노 요헤이(河野洋平) 씨를 비롯한 여러 분들이 노력해주셔서, 결국에는 미야자 와 내각이 퇴진하기 직전에 조사결과와 함께 '고노 담 화(河野談話)'[28]를 세상에 발표할 수 있었습니다.

---

27) 미야자와 기이치(宮澤喜一), 총리(1991.11月~1993.8月 재임).
28) 1993년 8월 4일 발표. 정식 명칭은 위안부 관계 조사결과 발표에

이제와 푸념을 늘어놓을 생각은 없습니다만, 저 자신
도 일본 내에서 여러 가지로 괴롭힘을 당해서, 심지
어 제 집 앞에 경비를 위한 폴리스 박스가 세워졌을
정도였습니다. 경찰들이 제 신변을 지켜준 것이죠.
그리고 이 '고노 담화'가 있은 다음, 이것을 계승하여
일본은 위안부 문제를 어떻게 해결해 나갈 것인가,
이것이 미야자와 내각의 뒤를 이어 발족한 무라야마
(村山)29) 내각의 숙제가 되었습니다. 무라야마 내각
은 사회당과 자민당, 그리고 '사키가케(さきがけ)'30)
라는 3당의 연립내각이었습니다. 저는 이 문제에 대
처할 때, 우선 정치 레벨에서 충분히 의논이 이루어
지는 것을 지켜보면서 저를 비롯한 사무 담당자들도
의견을 개진하면서 돕는 방식으로 일을 추진했습니
다. 그 결과 만들어진 것이 '아시아여성기금'이었던
것입니다. 이 당시에, 엄밀한 법률이론, 조약이론에
따른다면 1965년 한일국교정상화 때 맺어진 청구권

관한 고노 각관방장관 담화(慰安婦関係調査結果発表に関する
河野内閣官房長官談話).
29) 무라야마 도미이치(村山富市), 총리(1994.6月~1996.1月 재임).
30) 1993년 6월, 미야자와 내각에 대한 불신임결의가 가결된 이후,
자민당에서 탈당한 일부 개혁파 의원들이 창당한 신당. 정식 명
칭은 '신당 사키가케(新党さきがけ, New Party Sakigake)'이며,
2002년까지 존속했다.

협정으로 이미 위안부 문제도 포함하여 모두 해결이 된 것이 아닌가 하는 조약론도 제기된 바가 있었습니다. 그러나 설령 그렇다고 하더라도, 오늘 이 심포지엄에는 또한 많은 여성분들이 와계시지만, 이 문제는 여성의 소중한 인권, 존엄을 근본적으로 상처 입힌 사건으로, 비록 전쟁의 광기가 몰고 온 결과라고는 하지만 일본은 이 문제와 제대로 마주해서 어떠한 대응을 하지 않으면 안 된다는 인식이 정치권에 있었던 것입니다. 물론 자민당도 포함해서 말입니다.

그래서 거국적으로 만들어 낸 것이 '아시아여성기금'이었습니다. 국민들로부터 기금을 모금하는 편이 보다 마음이 담긴 '속죄'가 되지 않겠는가 하는 생각에서 진행한 결과, 엄청난 금액이 모금되었습니다. 그리고 정부도 역시 이에 균형을 맞추어서 예산을 지출하기로 했습니다. 민간에서 모금한 '여성기금'과 정부의 예산이 거의 3대 2, 아니, 어쩌면 오히려 정부의 예산이 좀 더 많이 들어갔을지도 모르겠습니다. 당시 한국의 김영삼 정부도 이 부분을 평가해서 '고노 담화' 발표와 '아시아여성기금'의 설립을 가지고 향후에는 위안부 문제를 한일 간의 문제로는 다시 제기하지 않기로 한다는 입장이었습니다.

그러나 그 후 노무현 정권이 들어서서, 여러 가지 사정으로 말미암아 그 약속이 뒤집히고 말았던 것입니다. 그런데 위안부 문제, 이 문제와 관련 있는 것은 한국만이 아닙니다. 인도네시아나 필리핀, 대만, 네덜란드 등 많은 나라가 관련이 되어 있습니다. 그런데 한국을 제외한 나머지 나라들의 경우에는 '아시아여성기금'의 사업 시작과 함께 대체로 해결이 되었습니다. '배상금'을 전달할 때, 총리대신의 사죄 편지도 첨부해서 한 사람 한 사람에게 전달했습니다. 네덜란드의 한 여성의 경우에는 배상금보다 오히려 총리대신의 편지 쪽이 더 마음에 와 닿았다고 말하기도 했습니다. 그런데 이에 대해서 일본 내 소수파로 분류되는 사람들이 '사실'을 제대로 분별하지 못하고 난폭한 말들을 늘어놓으면서 문제가 더욱 어렵게 되었습니다. 이것은 돈으로 해결할 수 있는 문제가 아닙니다. 그래서 우리들은 돈 이야기를 앞세우고 싶지는 않고, 역시 더 중요한 것은 마음에 상처를 입은 여성들에게 다가가서 그 분들의 어려움, 고뇌를 공유하려는 마음이라고, 그리고 이런 마음이 있으면 길은 열릴 수 있다고 생각합니다. 정치인들도 포함해서, 많은 일본인들은 정말로 그렇게 생각하고 있습니다.

여성기금의 경우, 저로서는 일본이 거국적으로 '속죄'의 마음을 표현하는 하나의 형태라고 생각했습니다만, 한국 내의 일부 저항세력들로부터는 이것이 속임수라는 반대론이 제기되었습니다. 위안부 문제는 국가범죄임을 인정하고 전부 국가 예산으로 대응하라고, 그리고 책임자들을 붙잡아서 처벌하라고 요구했습니다. 저는 국민들이 모금한 기금 쪽이 훨씬 더 진심이 담긴 대응이 되지 않을까 생각했습니다만, 한국에서만은 이후 저항이 더욱 거세졌습니다.

아무튼 앞서 말씀드린 것처럼 역사의 진실과 제대로 마주하여야 하고, 이 문제에 대해 태도가 돌변하는 일은 있어서는 안 됩니다. 그리고 이 문제에 대해서만큼은, 반복해서 말씀드리지만 돈으로 해결될 수 있다고 생각해서는 안 됩니다. 실은 지금도 좀 전에 말씀드린 것과 같은 활동을 하고 있습니다. 아직까지도 일본의 관계자들은 한국의 위안부 할머니들을 찾아가고, 가까이에서 고민을 듣는 일을 하고 있습니다. 그리고 이 일은 일본의 외무성 예산으로 하고 있습니다. 잘 모르고 계실 수도 있겠지만 말입니다. 필리핀에도 가고 있습니다.

남기정 : 네, 감사합니다. 두 분이 그로부터 25년이 지나서 이 시기를 회고해보고 있는데요. 다시 서로 그 동안의 노력에 대해서 평가해 보고, 최근의 합의(2015년 합의)에 대해서는 또 어떻게 생각하시는지 잠깐 의견을 듣고자 합니다.

당시 함께 전투를 벌였던 상대로서, 현재 이 문제를 어떻게 평가할 수 있는지 개인적인 생각 같은 것을 조금 말씀해주시면 좋겠습니다.

김석우 : 위안부 문제가 불거졌을 때 제가 담당 국장이었는데, 그때 저 자신은 경제적인 보상을 받는 것은, 맨 마지막, 안 받아도 된다는 기본적인 생각을 가지고 했습니다. 과거의 역사적인 진실을 일본 정부나 국가가 그대로, 확실하게 파악해서 그걸 그대로 인정을 해주면, 그것으로써 우리가 미래에도 일본과 가까운 관계를 유지할 수 있다는 철학을 가지고 했고, 그것이 그 당시 위안부 문제 진상규명을 위한 우리 노력의 주 대상이었습니다.

그리고 제가 청와대 그 당시 김영삼 대통령 바로 옆에 있을 때에도 그게 받아들여져서, "위안부 문제는 1차적으로 우리가 먹고 살만하게 되었으니까 그 분들이 필요한 최소한의 것은 우리(한국정부)가 해줄 수 있다. 그러니까 일본정부는 진솔하게, 역사에 대해서 인정해주면 된다."라는 이런 입장을 취했습니다. 저는 그건 잘했다고 생각했고, 제가 외무위원회에 가서 그 방침을 설명했을 때 그 당시 여야 할 것 없이 아주 대찬성을 했던 겁니다. 그래서 저는 한일관계에서 일본이 좀 더 적극적으로 나올 수 있는 계기가 되었다는 생각이 듭니다.

그런데 문제가 다시 재발하면서 작년 말에 외교적 합의를 했는데, 저는 기본적으로 괜찮다고 생각합니다. 일본이, 다니노 대사가 말씀하셨듯이, 경제적으로 국가가 하든지 민간이 하든지, 도와주는 건 좋아요. 가장 중요한 것은 일본이 진솔한 마음, 미안하다는 감정을 그분들, 피해자들한테 전달하는 게 훨씬 중요한 거다, 그런 생각을 갖습니다. 실은 제가 83년 처음 만나 뵌 후 한일 간에 매우 힘들게 외교교섭을 했습니다. 우리는 국가 이익을 도모해야 되니까요. 제가 참여한 대일 교섭이 한 4~50개는 되는데 거의 모든 교섭을 하게 되면 철야를 해야 했습니다. 상대방을 믿질 않아요. 상대방이 하는 이야기가 이게 진짠가, 우리를 속이는 거 아닌가, 서로 그렇게 생각하는 거예요. 그러니까 단어 하나 가지고 철야하는 게 습관이었는데, 아주국장 때 이 철야하는 습관이 없어졌어요. 그러니까 상대방, 외무성이 이야기하는 걸 우리가 믿어주고, 우리가 이야기 하는 걸 일본 측이 믿어주고 해서, 그러니까 신사적으로 된 거예요. 그래서 한일관계에서 굉장히 질적인 변화가 있었습니다.

그런데 문제는 아까 발표하셨는데, 이명박 대통령도 있지만, 그 앞에 노무현 대통령 때에도 외교에서 한일간은 가까운 나라이기 때문에 무수한 일들이 일어났습니다. 그걸 해결하려면 외교 조직이 기본적으로 담당해서, 쉬운 건 과장 선에서 해결하고, 조금 중요하면 국장 선에서 대강 다 정리되어야 되는 거예요. 그래서 아주 중요하면 장관 선에까지 갑니다. 그런데 대통령이 직접 하는 건 옳지 않다고 생각해요.

대통령이 일본 문제를 직접 다룬다면 그건 정말 천지가 뒤집힐만큼 어려울 때 해야 되는 건데, 그렇지 않은데 그리했다는 건 국내정치에서 반일과 친일로 정치세력을 나눠서 정치적으로 활용하려는 그런 의도가 있지 않은가. 그래서 관료사이에서 발전된 것을 정치인들이 한일관계를 어렵게 하는 것입니다. 80년까지만 해도 한일관계가 정말로 어려웠습니다. 지금은

600만 명이 서로 왔다갔다하고, 우리 정치인이나 관료들이 아닌 일반 청소년들은 상대방에 대해서 많은 호감을 느끼거든요. 그래서 그냥 놔두면 잘 될 거예요. 민주주의, 자유와 같은 가치를 공유하고 있기 때문에 저절로 잘 될 거라고 생각합니다. 그래서 제가 이런 기회에 정치인들이 한일관계를 너무 국내정치에 활용하지 않는 게 좋겠다는 것을 말씀드리고 싶습니다.

그리고 한 가지 질문을 드리자면, 다니노 대사님은 국수주의적인 일본의 관료들을 많이 설득해 주셨어요. 우리가 도움을 많이 받았는데, 역사문제에 대해 옆에 있는 나라들에게 "아이참, 일본 대단한 나라." 이렇게 감동을 주는 걸 왜 못했는지 그걸 한번 여쭤보고 싶어요.

남기정 : 원 포인트, 감동을 줄 수 있는 원 포인트는, 어떻게 가능했을까 라고 하는 질문이었습니다. 다니노 대사님, 혹시 이 교섭에 대한 평가, 그리고 재작년 합의에 대한 평가를 포함해서 지금 김 차관님께서 해주신 질문에 대해서 말씀해주시고, 혹시 다시 김 차관님께 묻고 싶은 게 있으시면 질문 하셔도 좋을 것 같습니다.

다니노 : 질문을 다시 한 번만 말씀해주시겠습니까?

남기정 : 일본이 역사문제에 있어서 어느 정도 진전을 시켰는데, 가장 중요한 것은 한국 국민을 감동시키는 것이다, 그런데 감동하는 데까지는 가지 못한 부분이 있지 않나. 그래서 그 감동시키는 부분을 해줄 수 없을까 라고 하는 그런 질문이셨습니다.

다니노 : 위안부 문제에 관해서, 작년에 한국의 외교부 장관, 일본의 외무성 대신 레벨에서 일단 타결을 이루었습니다. 이것은 물론 한국 측에서는 박근혜 전 대통령이, 일본에서는 아베 총리가 전적으로 관여하여 이끌어 낸 결과입니다. 매우 잘된 일이라고 생각하고 있습니다. 그 당시에 발표된 문서에는 여러 가지가 적혀있습니다. 내용을 혹시 잘 모르신다면, 한 번 살펴봐주시면 좋겠습니다. 아베 총리는 그 후 박근혜 전 대통령에게 전화를 해서 다시 사죄의 말을 전했습니다. 작년에 타결된 위안부 협상은, 이것을 '불가역'적인 것으로 하자고 되어 있습니다. 다시 말하자면, 이것으로 최종적으로 해결되었으므로, 이후에는 다시 문제 삼지 않기로 하자는 것입니다.

그러나 결국 그렇게 되지 못한 것은 매우 유감입니다. 어째서 일본이 '불가역'이란 부분에 집착을 했는가 하면, 아까 말씀드린 것처럼 김영삼 정권 때 한국 정부는 일본에서 아시아여성기금을 설립한 것으로써 적어도 한일 간에서는 이후 이것을 문제 삼지 않기로 했었던 적이 이미 있었기 때문입니다.

그런데 그러한 일본과 한국 정부 사이의 약속이, 대통령이 바뀌면 쉽게 뒤집히고 맙니다. 그렇게 되어서는 안정된 한일관계를 기대하기가 어렵습니다. '혁명'이 일어난다면 모르겠습니다만, 혁명이 아니라 그저 대통령이 바뀌었을 뿐인데 말입니다.

그렇기 때문에 이른바 '불가역'이라는 것은 당시 일본 정부가 꽤 집착한 부분이었다고 생각합니다. 어떻든 이 문제에서 중요한 것은, 제아무리 전쟁이라는 광기에 사로잡힌 세계에서 일어난 일이라고는 하지만, 역시 많은 여성들의 존엄을 근본적으로 상처 입혔음을 이해하는 것입니다. 많은 일본인들이 이 이해를 공유하고 있기 때문에, 그만큼의 기금이 모였던 것입니다. 그리고 해마다 한국의 위안부 할머니들이 계신 곳을 찾아 고민 상담을 해드리는 것과 같은 일들을 하고 있습니다. 여기에 필요한 예산은 일본 정부가 지출하고 있습니다.

저는 아시아여성기금을 설립시킨 다음에는 일본을 떠나 있었기 때문에 아시아여성기금의 실시단계에는 관여하지 않았습니다. 어떻든 일본으로서도 그러한 노력을 기울인 바가 있음에도 불구하고, 본래 기피되던 문제였고, 긍정적인 주제가 아니었으므로, 일본정부 혹은 일본대사관에서 한국을 대상으로 아시아여성기금에 대해서 적극적으로 홍보를 하지 않았다고 생각합니다. 정말 놀랐던 일이 한 가지가 있습니다. 지금 이 자리에도 서울신문사 소속으로 도쿄에서도 근무하셨던 분이 와 계시지만, 수차례나 도쿄에서 근무를 하신 적이 있는 일본통 특파원이자, 서울신문의 도쿄지국장을 역임하시기도 하셨던 유명한 분을 알고 있는데, 이 분께서 '아시아여성기금'에 대해 전혀 모르고 계셨던 것입니다. 그분은 제게 "네? 일본이 그런 일을 하고 있습니까?"라고 물었습니다. 저도 깜짝 놀라서 "당신은 일본에서 특파원도 하셨잖아요!"라고 반문했던 적이 있습니다만, 이처럼 잘 모르고들 계십니다. 물론 선전할만한 주제는 아니었으니까요. 아무튼 역시 역사는 제대로 마주하고, 여성들의 고통을 제대로 바라보고 공유하는 것, 그것이 가장 중요한 핵심이라고 생각합니다.

남기정 : 일본 정부가 해왔던 노력에 대해서 비판 할 수는 있
겠지만, 모르고 비판하는 것은 문제가 있을 수 있겠
다, 일본 정부가 해왔던 것이 어떤 것인지는 우리가
좀 알고 비판하는 게 필요할 것 같다, 이런 방향에서
의 말씀이셨던 것 같습니다. 이제부터는 플로어에서
이야기를 듣고 싶습니다. 질문이나 본인의 의견 같은
게 있으면 들려주셨으면 좋겠습니다.

질문1 : 일본연구소의 조관자라고 합니다. 세계 속의 한일관
계에 대해서도 말씀을 해주셨는데요, 특히 유엔 개혁
문제에서 안보리 상임이사국의 개편 문제를 말씀하
셨습니다. 현재 인도와 일본이 상임이사국 진출을 추
진하고 있는데 중국이 반대하고 있는 것으로 알고 있
습니다. 그런데 2005년 당시에도 일본이 상임이사국
진출을 약간 물밑에서 시도했지만, 중국과 한국에서
반일데모가 일어나고, UN 본부 앞에서도 반일 데모
가 일어났었습니다.
한일관계의 복잡한 갈등을 풀기 위해서도 저는 이런
국제관계 속에서 일본이 자기 지위 향상을 위해서 과

거의 문제를 어떻게 풀어내는가가 매우 중요할 것 같습니다. 예를 들자면 한국이 일본의 어떤 세계적 역할들을 지지할 수 있는 토대를 만들기 위해서도 과거의 역사문제는 해결이 되어야 하는데, 그러한 거시적인 관점에서 한일관계를 다시 바라본다면 외교적 차원에서 더 노력할 일들이 더 뚜렷하게 보일 것 같습니다.

그러니까 아시아 안의 일본의 역할들을 좀 더 바람직한 방향으로 확대해 나갈 때, 한일의 외교에서 '아시아여성기금이 해온 노력이 선전이 잘 안 됐다'라는 문제도 있지만, 좀 더 적극적으로 할 일들이 많을 텐데요. 한국은 너무 소극적으로 과거문제에만 매몰돼서 앞을 바라보지 못하고 있고, 중국 눈치만 보고 있고. 또 일본도 과거문제에 매몰돼서 아시아에서는 아무런 적극적 노력 없이 그냥 UN에 가서만 목소리를 높이고 있는 이런 안타까운 상황이라고 봅니다. 각각 한일 외교를 해오셨던 분들께서는 이 문제를 어떻게 풀어갈 수 있다고 보시는지 말씀 듣고 싶습니다.

남기정 : 질문 나왔는데, 혹시 또 질문 있으시면, 관련된 질문이거나 보충질문이 있으시면 같이 들어보고요, 없

으시면 답변을 듣는 걸로 하겠습니다. 네, 그러면 답변 먼저 듣고 이야기를 이어나가는 걸로 할까요?

다니노 : 저는, 한국이 국제사회에서 수행하고 있는 역할에 대해서 일본이 좀 더 진지하게 생각하고 이것을 지원하는 외교도 필요하다고 생각합니다. 그런데 혹시 알고 계실지 모르겠습니다만, 과거 일본은 이미 한국의 국제적 경제력과 지위를 인정하고 뒤에서 지원했던 사례가 있습니다. 바로 한국의 OECD 가입입니다. 당시 한국 정부는 OECD 가입에 그리 적극적이지 않았다고 들었습니다만, 일본 정부가 제법 뒤에서 한국을 밀어주고 지원을 해주었습니다. 오늘날 중요한 의제는 역시 북한 문제입니다. 이 문제를 각자의 문제가 아닌, 서로의 문제로 인식하고 진지하게 의논해야 한다고 생각합니다. 여기 계신 박철희 원장님은 일본어도 유창하시지만 실은 미국에서 유학을 하셨습니다. 여기 계신 분들 중에도 어쩌면 '일본'을 전문으로 삼고자 하는 분들이 계실지도 모르겠습니다만, 부디 세계 속에서의 한일관계, 일한관계를 바라보는 높은 시점을 가져주시기를 바랍니다. 그러므로 도쿄와 서울만 왕복할 것이 아니라 박철희 원장님께서 그렇게 하

신 것처럼, 미국이든 유럽이든 나가서 시야를 넓혀야 합니다. 저는 그것이 한일관계, 일한관계를 전문 분야로 하는 분들에게 진정 필요한 것이라고 생각합니다. 저는 일본을 담당하는 중국의 외교관들에게도 자주 이렇게 이야기 합니다. 당신들은 베이징과 도쿄만 왕복하니까 결국 '역사'와 '섬' 문제, 그것밖에는 이야기하지 않는다고 말입니다. 그러나 세계는 넓으니까요. 일본과 중국의 관계도 세계 속에서의 일중관계, 중일관계인 것입니다. 여기 계신 여러분은 아직 젊으니까, 꼭 그렇게 해주십시오.

이것으로 끝마치겠습니다만, 한 말씀 덧붙이자면, 이제부터는 여러분들의 시대입니다. 여러분들이 앞장서서 일본의 젊은 사람들과 서로에 대한 이해를 넓혀주십시오. 그러한 상호교류, 그리고 상호간의 이해가 있어야만 한국과 일본 사이에는, 유감스럽지만 아직도 충분하다고는 할 수 없는, 서로에 대한 신뢰가 비로소 생겨날 것입니다. 그러니까 젊은 여러분들 간의 교류가 중요합니다. 저는 이미 80세입니다. 지금은 저 같은 할아버지의 시대가 아닙니다. 21세기 한일관계는 여러분들이 만들어 나가는 관계인 것입니다. 이를 위해서 폭넓은 시야를 가져주시기를 당부 드리고 싶습니다.

코멘트1 : 한일 경제협회 전무이사를 했던 허남정입니다. 오늘 다니노 대사님, 80세 이상에도 불구하고 오셔서 좋은 말씀 해주셔서 대단히 감사합니다. 잘 들었습니다. 이제 60일 못 남은 날이 지나면 대한민국에서 새로운 정부가 출범합니다. 새로운 정부의 대일 정책, 대단히 중요한데 참고할 만한 좋은 말씀, 특히 아시아판 엘리제 조약, 좋은 말씀을 들려주셨습니다. 대단히 고맙습니다.

개인적으로 저는 포스코를 만든 박태준을 연구한 사람입니다. 저는 3년 전에 한일 경제 협력에 의해서 세계적인 제철소 포항제철을 만들어 낸 박태준의 한일 경제협력 이야기와, 그의 실용적인, 합리적인 대일 철학을 실용주의적인 한일관계로 가져가야 되는게 아닌가 하는 내용을 담은 『박태준이 답이다』라는 책을 쓴 적이 있습니다. 작년에 그 일본판 책이 나와서 일본 도쿄에서 출판기념회를 했을 때, 다니노 대사님께서 오셔서 축하해주셨던 일에 대해 이 자리를 빌려서 개인적으로 감사를 드립니다. 대단히 감사합니다.

남기정 : 네, 감사합니다. 학생 중에서 혹시 질문이나 감상 있으면 한 사람 정도 더 이야기를 듣고 정리를 하고자 합니다. 혹시 저희 일본연구소는 주니어 펠로우 중에 질문 할 사람 없어요?

코멘트2 : 질문까지는 없고, 감상 정도만 말씀드리겠습니다. 여러 좋은 말씀들을 많이 해주셔서 오늘 참석해주신 분께 일단 감사의 말씀 다시 한 번 드리고 싶고요. 저도 방금 말씀해주신 분처럼 동아시아판 엘리제 조약에 대해서는 좀 공감을 한 게 있기도 하고, 저 개인적으로도 일본 대학생들이랄지, 여러 가지로 교류에 참가하거나 그런 경험이 있습니다. 공식적인 차원도 좋지만 역시 민간 차원의 교류도 서로 간의 이해라든지 오해라든지 그런 걸 직접 풀어갈 수 있는 기회가 되기 때문에 그런 면에 있어서도 역시 좀 기초적이라고 해야 될까요, 그런 관계를, 그런 분위기를 만들어 가야할 필요성과 중요성을 다시 한 번 여기서 깨닫게 되는 것 같아서 감사의 말씀을 드리겠습니다.

남기정 : 네, 감사합니다. 2시간 반, 긴 시간 동안이었습니다. 마지막으로 두 분께 한마디만 저희들이 부탁드리겠

습니다. 후배 외교관 또는 젊은이들에게 들려주고 싶은 한 마디, 한 문장으로 요약해서 남길 말이 있으시다면 무엇일까요? 90년대 초반의 한일관계에서 최전선에서 싸웠던 사람으로서 남기고 싶은 한 마디. 부탁드리겠습니다.

김석우 : 아까 첫 번째 질문하신 것하고 관련이 되는데, 자유민주주의, 시장경제 그리고 특히, 한국의 경우는 법치, Rule of law가 굉장히 중요하다고 생각합니다. 그래서 동아시아, 세계적으로도 그렇지만, 그걸 우리가 더 발전시키면 좋겠다고 생각됩니다. 일본과 관련해서는 민족주의적으로 회귀하려는 분들이 너무 많은데, 이것은 중국이 공산당 일당 독재의 대체수단으로 큰 민족주의를 이용하려는 것을 도와주는 게 아닌가. 그런 의미에서 저는 이 지역에서 법치, Rule of law가 매우 중요하다는 인식을 가지고 있습니다. 특히 한국도 노력해야겠지만, 일본이 우리보다 훨씬 더 빨리 세계적인 룰을 받아들였기 때문에 그런 의미에서 한일 간의 협력을 더 강화해서 중국까지도 룰을 지키는 대국이 되도록 해야 되지 않나 이런 생각을 갖습니다.

남기정 : Rule of law라고 하는 말씀이셨습니다.

다니노 : 음, 마지막으로 여기 계신 젊은 분들께 한 말씀 드리겠습니다. 여러분들 중에는 외교관을 목표로 하는 분들도 계실지 모르겠습니다. 그런 경우에도 부디 자신만의 전문성을 길러주십시오. 외교의 세계를 목표로 한다고 하더라도, 제네럴리스트가 되어야만 하는 것은 아닙니다. "나는 경제 분야가 강점이야"라든가, "일본문제에 대해서만큼은 다른 누구에게도 뒤지지 않을 자신이 있어"라든가 하는 나만의 전문성은 외교관에게도 매우 중요하다고 생각합니다. 그것이 없다면 정치가들과 맞붙을 수가 없습니다. 그러나 좀 전에도 말씀을 드렸듯, 일본을 전문으로 하는 분들께서도 세계로 시야를 넓혀주실 것을 당부 드리고 싶고, 그러기 위해는 도쿄와 서울 사이만 왕복할 것이 아니라 꼭 워싱턴 등에서도 근무하는 경험을 한 번은 해본다든가, 유럽이라든가 중국으로 나가볼 필요가 있습니다. 그렇게 하면 위안부 문제만이, 혹은 독도 문제만이 한일관계의 전부가 아니라는 것을 아시게 될 것입니다. 한국과 일본은 공히 대국이기 때문에, 이러한 두 나라 사이의 문제에 대응하는 것도 중요하지만,

앞으로는 그것을 넘어서서 아시아를 위해서, 세계를 위해서 함께 손을 잡고 노력해 나가지 않으면 안 된다고 생각합니다.

남기정 : "전문성을 가지고 세계와 미래의 시각에서 한일관계를 보자."로 정리 할 수 있을 것 같습니다. 긴 시간 동안 정말 끝까지 집중해주신 청중 여러분께 감사를 드리고요, 이 자리를 이렇게 세팅해주신, 언제나 이렇게 깔끔하게 정리해주시고 빛내주시는 일본연구소 관계자님들께 감사드립니다. 그리고 30분 좀 더 넘게 시간을 썼는데 통역 두 분께 정말로 감사드립니다. 박수 한 번 쳐주십시오. 그리고 마지막에 수고해주신 두 분, 대사님과 차관님께 크게 박수 부탁드리겠습니다. 감사합니다.

부록

- 제205회 서울대학교 일본연구소
- 일본전문가 초청 세미나 강연 자료

제205회 서울대학교 일본연구소 일본전문가 초청 세미나 강연 자료
(2017. 3. 21)

다니노 사쿠타로
(谷野作太郎)

1. 한국의 국정 혼란

　　최근 한국에서 발생한 국정 혼란은 일본 국내에서도 큰 관심을 끌면서, 연일 각종 미디어(신문, TV)에서 대대적으로 보도되고 있고, 많은 일본 국민들이 우려와 함께 그 경과를 주시하고 있다.

2. 일본과 한국

한국과 일본은 자유와 민주주의라는 기본적인 가치관을 공유하고 있을 뿐만 아니라, 양국 모두 미국의 동맹국으로서 전략적 이해를 공유하고 있는 중요한 이웃나라이기 때문에, 일본의 입장에서도 한국 국내의 상황은 언제나 큰 관심사항일 수밖에 없다.

더욱이 양호한 한일관계는 아시아태평양 지역의 평화와 안정을 유지하는 데에 필수적이다. 때로는 양국 사이에 곤란한 문제가 빚어지기도 하는 관계이지만, 양국은 대국적인 관점에 입각하여 정치 · 경제 · 학술 · 문화 등 폭넓은 분야에서 중층적이면서도 미래지향적인 협력 관계를 구축하기 위하여 함께 노력해야 한다. 그런 의미에서도 현재 한국의 국내 정치 상황이 향후 한일관계에 부정적인 영향을 미치지 않기를 바란다.

정치 및 안전보장 면에서는, 당장 연이어 실시되고 있는 핵실험, 탄도 미사일의 발사 등 도발적 행동을 멈추지 않는 북한에 대한 대응이 필요하다. 이 부분에서 한일 간의 긴밀한 연대는 필수적이다. 이러한 관점에서, 오랜 기간 논의되어 온 한일 GSOMIA(군사정보포괄보호협정)가 작년 합의 및 서명에 이르게 된 것은 크게 환영할 만한 일이다. 일본 정부는 최근 한국에서 발생한 국정 혼란으로 인해, 이 결정에 부정적인 영향이 드리워지지 않기를 바라고 있다.

경제면에서 살펴보면, 근래 한국과 일본의 경제관계는 필자가 서울의 일본대사관에서 근무하던 시절(1984년~87년)과 비교하여 상당히 변화하였다. 당시 한일 경제의 주요 현안은 ①한일무역관계의 역조(한국의 큰 폭 적자) ②일본으로부터 한국으로의 기술이전의 문제(일본이 이 부분에서 적극적이지 않다는 비난을 받았다) ③재일한국인 관련 문제(지문날인 문제 등) ④일본 정부의 대북정책을 바라보는 한국 정부의 강한 의구심에 대한 대응 문제 등이었다. 그 당시 동아시아의 경제는 곧잘 공중을 비행하는 기러기의 무리에 빗대어, '안행형태(Flying geese)의 경제발전'이라 일컬어지고는 했다. 무리의 선두에 일본이 있고, 그 뒤를 싱가포르, 한국, 대만, 홍콩 등이 따라가며, 그보다 더 뒤로는 중국, ASEAN 국가들이 따라오고 있다는 것이었다.

그러나 오늘날 그와 같은 '안행형태'는 완전히 잊힌 이야기가 되어버렸다. 현재의 일본과 한국, 일본과 중국의 경제관계는 예전의 수직관계에서 벗어나, 서로의 장단점을 상호 보완하는 수평적 관계에 접어들었다. 공명(共鳴), 공동(共働), 공창(共創)의 시대가 열린 것이다. 더욱이 한일 간에는 양국 간의 활발한 무역투자관계에 더하여 제3국으로부터의 플랜트 수주나 자원개발을 목적으로 하는 한일기업 간의 제휴도 증가하고 있다.

이러한 상황 하에서, 양국 사이에 사람들의 왕래도 매우 활발하다. 65년에는 양국 간 인적 왕래가 고작 연간 1만 명에 불과했지만, 2015년에는 584만 명에 이르렀다. 하네다와 김포 사이에는 하루 12편의 비행기가 운항하고 있다. 일본과 한국은 때로는 정치적, 외교적으로 서로에게 곤란한 문제에 봉착하기도 한다. 그러나 그러한 와중에도 양국 사이에서는 각종 교류가 끊이지 않았고, '한일축제한마당(일본명: 日韓交流おまつり)'과 같은 행사도 매년 도쿄와 서울에서 예정대로 개최되어 양측 행사 모두에 많은 사람들이 모였다.(덧붙이자면 일본과 중국 사이에서는 '센카쿠 열도'를 둘러싸고 양국 관계가 곤란한 상황에 빠진 가운데, 중국 측의 요구로 대부분의 양국 간 교류가 장기적으로 중단되었다.)

3. 한일 양국 간의 국민감정

그러한 가운데, 양국 사이에서 서로 상대방에 대한 국민감정(친밀함을 느끼는가, 느끼지 않는가)은 90년대 후반 무렵부터 크게 호전되어가고 있었으나, 2010년대에 접어들어 유감스럽게도 큰 폭으로 하락하였다. (위안부문제, 이명박 대통령 독도[일본명: 다케시마(竹島)] 방문 등) 일본 내각부의 조사(금년 3월)에 따르면, '한국에 대해 친밀감을 느낀다.' 라고 대답한 사람의 비율이 한때는 60% 이상에 달했던 적도 있었으나, 33%까지 하락했다. 한편 '한국에 친밀감을 느끼지 않는다.' 라고 대답한 사람은 64.7%였다.

　　마찬가지로 최근 실시한 한일 공동여론조사(2016년 7월)에 따르면, 한국에 대한 인상이 '좋다' 라고 대답한 일본인은 약 30%, '좋지 않다' 라고 대답한 일본인은 약 40%였다. 한편 일본인에 대한 인상이 '좋다' 라고 대답한 한국인은 20%, '좋지 않다' 라고 대답한 한국인은 60%였다. 그러나 이와 같은 결과가 나왔음에도 불구하고 동일한 조사에서 한일, 일한관계에 대해 '중요하다' 라고 응답한 일본인은 62.7%, 한국인은 86.9%로 나와, 양국 관계의 중요성에 대해서는 양측 모두 국민 수준에서 폭넓은 공감대가 형성되어 있다고 볼 수 있다.

4. 세계 속의 한일관계

　　일본과 한국은 공히 아시아, 나아가 세계 속 대국(大國)

이다. 따라서 양국은 좁은 의미에서의 한일, 일한관계를 제대로 관리하는 데에 노력을 기울여야 할 뿐만 아니라, 그 이상으로 아시아 및 세계의 평화와 발전에 공헌하는 한일, 일한관계로 시야를 넓혀 나가야 한다.

현안은 얼마든지 있다. 정치, 안전보장 분야: 북한 문제에 대한 대응, UN개혁 등. 경제 분야: 동아시아에서의 에너지, 환경문제, 원자력 협력(중국이 장차 세계 원자력 대국이 될 것임이 확실시되므로, 이 사안에 관한 한중일 등의 협력을 강화[정보교환, 긴급시 대응, 원자력 기술 이전, 인재육성 등]). 사회 분야: 동아시아의 공통 과제인 고령화 사회에 대한 대응(사회보장제도와 같은 경험의 공유 등).

5. '역사'문제, 어떻게 마주할 것인가

이 분야에 대해서는, 내가 여기에서 사견을 늘어놓기보다는 이러한 문제에 대한 현인(賢人)들의 언설을 몇 가지 소개하고자 하며, 이로써 여러분들이 참조로 삼을 수 있기를 바란다.

먼저, 생전 중일우호관계를 추진하는 데에 정열을 쏟았던 고(故) 가토 슈이치(加藤周一) 씨의 말이다. 이하의 언급은, 한일관계에도 적용될 수 있다.

"역사 왜곡은 백해무익하다고 생각한다. 이것은 중일우호관계를 매우 심각하게 손상시킨다. 이는 또한 일본인의 자부심에도 상처를 준다. 일본인의 자부심은 과거의 잘못을 눙쳐서 변명하는 데에 있는 것이 아니라, 스스로 이것을 직시하고 비판을 주저하지 않는 용기에 있다."

다음 이야기 역시 본래 중일, 일중관계에 대한 언급이지만 그대로 한일, 일한관계에도 적용할 수 있다. 1960년, 중국을 방문한 일본의 문학자 대표단에 대해, 중국의 고(故) 천이(陳毅) 부수상이 한 말이다.

"여러분, 감사합니다. 우리들(중국인들)은 '과거의 일은 이제 지나가버린 것으로 합시다.' 라고 말하고, 당신들은 '일본인으로서 과거를 잊어서는 안 됩니다.' 라고 말한다면, 양국의 인민들은 진정한 우호를 실현할 수 있을 것입니다." (말을 이어서) "그러나 반대로 우리들이 일본인을 줄곧 미워하고, 당신들 일본인들은 중국인에게 상처 입혔던 사실을 깨끗하게 잊어버린다면, 그렇다면 중일 양국은 언제까지나 우호관계를 실현시킬 수 없을 것입니다."

"혼자서는 탱고를 출 수 없다.(It take two to tango)" 라는 말도 있다. "역사의 화해"도 피차간의 공동 작업이다. 유럽의 역사(독일―프랑스 관계)가 이를 증언하고 있다.

마지막으로, 요즈음 특히 한일(일한), 중일(일중)관계에서 자주 봉착하게 되는 정치, 외교 문제에 대응해 나가는 데에 있어, 각자의 정치적 리더들에게 요구되는 마음가짐에 관한 이야기다. 아래는 미국의 역대 대통령 중 한 사람이 한 말이라고 전해진다.

"여론에 귀를 기울이지 않는 지도자는 어리석은 지도자다. 여론에 따라서만 움직이는 지도자는 평범한 지도자다. 진정한 지도자는 뜻을 세우고, 용기를 내어 여론을 설득하고, 이를 이끌어나가는 지도자다."

6. 엘리제 조약(독–불 간)의 동아시아판

오늘날의 동아시아 정치·경제·사회 정세를 조망할 때, 이 지역의 미래를 위한 지속적 발전을 위해서 요구되는 것은, 자유롭고 투명성이 높은 사회, 그리고 법치에 기초한 시민사회를 구축하는 일이다.

그리고 그 중에서도 가장 중요한 것은 한일, 일중 간의 상호신뢰관계를 구축하는 것이다. 유럽에서는 서독과 프랑스 사이에 체결된 엘리제 조약(1963년)이 그러한 관계의 기초가 되었다. 매년 개최되는 한중일 정상회담(작년 일본에서 개최

될 예정이었던 회의는 한국 측의 국내 사정으로 말미암아 개최가 취소됨)이, 언젠가는 그 개최지를 나라(奈良), 경주(慶州), 혹은 시안(西安)으로 정하여(이 지역들은 모두 한때 삼국 간의 활발한 교류가 이루어지던 지역이었다.) 나라 조약, 경주 조약, 시안 조약을 체결하는 날이 오기를 고대한다.

엘리제 조약(프랑스 공화국과 독일 연방공화국과 사이의 독불협력에 관한 조약 1963.1.22.):

- 양국 정상은 최소 연 2회, 외교부 장관은 최소 3개월에 1회 회담
- 독불 정책 담당자 선에서 정기적으로 회합(협의, 정책 조정)
- 국방장관은 최소 3개월에 1회, 참모총장은 최소 2개월에 1회 회담
- 대학 간 교류(학점, 학위의 동등한 인정 실현)
- 대규모 청소년 교류를 위한 독립 조직 설치
- 군대 간 인사교류
- 서명자: 독일 아데나워 총리 및 관계각료, 프랑스 드골 대통령 및 관계각료

강연자 | 다니노 사쿠타로(谷野作太郎)

　도쿄대학 법학부를 졸업. 1960년부터 40년 이상 일본의 외교관으로 활동하며, 주한 일본대사관 공사(公使), 외무성 아시아국장(局長), 주인도 대사, 주중 대사 등을 역임하였다. 주요 저서로는 중국과의 외교 비화를 회고한『中国・アジア外交秘話』(東洋経済新報社, 2017), 아시아 외교의 생생한 현장 이야기를 대담 형식으로 풀어낸『外交証言録—アジア外交—回顧と考察』(岩波書店, 2015) 등이 있다.

토론자 | 김석우(金錫友)

　서울대 법대를 졸업. 1967년부터 1993년까지 외교부에서 주일 한국대사관 1등 서기관, 외무부 동북아 1과장(일본과장), 주일 한국대사관 정무참사관, 아주국장 등을 역임하면서 대일 외교를 담당하였고, 김영삼 문민정부 출범 이후에는 청와대 의전수석 비서관, 통일원 차관 등을 역임했다. 주요 저서로『통일은 빠를수록 좋다』(기파랑, 2010), 『남북이 만난다 세계가 만난다』(고려원, 1995) 가 있다.

역 자 │ 김 민

　서울대학교 동양사학과 석사과정(일본사 전공).
　번역: 리딩재팬22『북한 리스크와 한일협력』(이주인 아쓰시 著, 2016)

IJS 서울대학교 일본연구소
Reading Japan 25

온고지신의 한일관계

前주중일본대사 다니노 사쿠타로 초빙강연

초판인쇄 2017년 06월 27일
초판발행 2017년 07월 05일

기   획 서울대학교 일본연구소
강 연 자 다니노 사쿠타로(谷野作太郎)
토 론 자 김석우
역   자 김 민
발 행 인 윤석현
책임편집 안지윤
발 행 처 제이앤씨
등   록 제7-220호
주   소 서울시 도봉구 우이천로 353 성주빌딩 3F
전   화 (02)992-3253(대)
전   송 (02)991-1285
전자우편 jncbook@daum.net
홈페이지 http://www.jncbms.co.kr

ⓒ 서울대학교 일본연구소, 2017. Printed in KOREA.

ISBN 979-11-5917-065-2 03300   **정가 7,000원**